MINERVA
保育士等キャリアアップ
研修テキスト

今井和子・近藤幹生 監修

障害児保育

市川奈緒子

編著

ミネルヴァ書房

監修者のことば

　このMINERVA 保育士等キャリアアップ研修テキストは、「乳児保育」「幼児教育」「障害児保育」「食育・アレルギー対応」「保健衛生・安全対策」「保護者支援・子育て支援」「マネジメント」の全7巻で構成されています。いずれも、保育士養成校等で教育・研究に尽力されている専門分野の先生方、そして経験豊富な保育実践者の方々により、執筆していただきました。

　これらのテキストの執筆をお願いした専門分野の先生方は、常に現場の職員と一緒に研究活動に取り組み、保育の質の向上を支えてこられ、現場に精通されています。そして、現職の園長先生や主任保育士、保育者にあえてこのテキストの執筆を依頼したのは、今日的な保育課題に主体的に取り組み、活力のある保育・教育を創造していくのに、現場の実践力こそが不可欠ではないかと考えたからです。

　2017年4月、厚生労働省は通知「保育士等キャリアアップ研修の実施について」を発出しました。この通知を受けた研修の一番のねらいは、保育実践現場において、すでに一定の経験をもっている保育者が学びを深めること、保育の質的向上、職員の資質向上を目指すことです。研修の受講者自身が、各園においてミドルリーダーあるいはリーダーとなることを目的としています。保育に関わる基本的知識はもちろんですが、専門的知識・技術を土台にして、最近の保育の動向についても理解し、さらに深めてもらえる内容になっています。

　各巻では、レッスンのはじめにポイントを箇条書きにしてあります。そして、保育実践現場の具体的事例や写真、図表類などを盛り込むようにしました。また講義形式での講座を受講しながら、必要な事項をメモできるように本文欄外にスペースを設けました。さらに、各レッスンでは、演習形式でのグループ討議の際、考え合ってほしい課題を盛り込みました。職場以外の同じ立場の者同士が多様な保育課題について語り合い、専門性の向上に努めるまたとない機会として活用していただければと思います。さらに、学びを深めたい方々のために、巻末に参考文献リストや資料を掲載しています。

　このキャリアアップ研修テキスト（全7巻）により学びを進め、各園における課題を見いだし、あるいはこれまでの保育内容を再考する契機となることを願っています。キャリアアップ研修の参加者自身が、保育の質的向上、職員の資質向上を目指すために奮闘してほしいと願っています。保育者たちは、日常業務の忙しさのなかにあり、学ぶ時間をつくりだすこと自体が困難となっています。もちろん、こうした保育実践現場の課題は、実践現場の方々の努力だけで解決できうることではありません。しかし、「学ぶことは変わること」（林竹二）です。このキャリアアップ研修においてかなりの長い時間をかけて学ばれる以上は、学びの達成感やリーダーとしての力量、すなわち「園の組織を学び合う実践共同体へと変えていく力」を修得していただければ、という願いをもってつくりました。それによって、保育者としての生きがいを追求する姿を確かめ合っていけるのではないでしょうか。

　皆さんの、学びへの積極的意欲を励ますとともに、全7巻の執筆者のご協力に感謝し、監修者のことばとします。

2020年3月

近藤幹生

今井和子

はじめに

　国の施策としての「統合保育」の始まりは、1974年の「障害児保育事業実施要綱」の制定であったことは、よく知られていることです。しかし、実はそれよりかなり前の1961年にすでに3歳児健診が始まり、病気や障害の早期発見・早期治療に国として乗り出していたこと、しかし、国としての療育機関の制定はそれよりかなり遅れて1972年の「心身障害児通園事業実施要綱」まで待たなければならなかったことはあまり知られていません。私は、3歳児健診で「障害がある」とされた子どもたちに適切な支援を得られる場所が確保されるまでに、10年以上の月日が必要だったことが、日本社会の考え方・志向性というものを表していると思います。適切な行き場所のない「早期発見」は、ただの選別、つまり「障害児」と「健常児」を分けることにしかなりません。一方では、昨今全国で訴訟が起き、大きな社会問題になっていますが、障害のある人たちが自分の子どもをもつことを制限した「優生保護法」が「母体保護法」にようやく変わったのは、1996年でした。つまり、私たちの所属する社会は、障害とは「あってはならないもの」という思想を施策にしてきた社会なのです。そしてそうした考えを私たち——保育者も保護者も——は空気のように吸いながら、成長してきたことも忘れてはならないと思います。

　障害のある、または発達や行動の気になる子どもたちは、そうした私たちにとって、最初は異質な存在として現れるのかもしれません。しかし、その子たちと親しんでいくと、またはがっぷり四つで付き合っていくと、その子たちは、私たちがそれまで吸っていた空気を根底からひっくり返してくれる力なり魅力をもっている子どもたちであること、そうした出会いのチャンスを与えてくれていることに気づくことと思います。そして「特別支援」や「特別な配慮」と言われている物事の本質は、実はその子たちの当たり前の権利を保障することであることにも気づかされると思います。本書はそうした過程のなかで戦ったり喜んだりしている保育者の背中をそっと押すことができれば、という願いのもとにつくられました。園内研修等でも活用していただければ幸いです。

2020年3月　　　　　　　　　　　　　　　　　編著者　市川奈緒子

■ 第 3 章 ■　家庭および関係機関との連携

■ 第 **4** 章 ■ これからの障害児保育

本シリーズは、厚生労働省「保育士のキャリアパスに係る研修体系等の構築について」に準拠したうえで、ミドルリーダーとして知っておきたい保育内容を充実させ、学んだ知識を保育現場で活用できるような構成になっている。したがってキャリアアップ研修のみならず、園内研修用のテキストとしても使用可能である。

第 1 章

障害児保育の
基本的知識

障害のある子ども、または障害名、診断名はついていないけれども個別の支援を必要とする「気になる子ども」の保育には、それぞれの子どものもつ障害や発達の特性を学びつつ、そうした「障害」の部分を含めたその子ども全体の理解をしていくことが求められます。また、現在の障害のある子どもを取り巻くさまざまな制度を知り、保育所がそうした制度のなかで他機関と連携しながらどのようなサポートをすべきかを明らかにしていくことで、より多角的で幅広い支援ができます。

障害のある子どもとは

子どもを、障害から理解するのではなく、一人ひとりの子どもと誠実に向き合い理解することが大切である。

1「障害」にはさまざまなとらえ方がある。
2「支援」にもさまざまな考え方がある。
3「合理的配慮」は子どものニーズに応じて検討すべきものである。

1 | 「障害」は相対的なものである

　皆さんは、「障害」と聞いてどのようなことを思い浮かべるでしょうか。また、これまでどのような「障害」のある子どもを保育してきたでしょうか。

　今現在、難聴があり、補聴器をつけないと会話ができない子どもは、「聴覚障害」のある子どもとされています。しかし、もし今「聴覚障害」といわれる人とそうではない「健聴」といわれる人の人数比が逆転したら、この社会はどうなるでしょうか。たちまち、世の中の会話は手話が主流になり、手話のできない人はコミュニケーション障害のある人とみなされることになるでしょう。そして、大多数の聞こえづらい人たちが暮らしやすい街づくりがされることと思います。つまり、私たちが通常「障害」のある人とみなしている人たちは、この社会のなかでは絶対的に少数派であることから、暮らしにくい生活を強いられている人たちともいえるのです。

　難聴＝聴覚障害というような、心身の機能の不具合（絶対的な少数派）のみを障害とみなす考え方を、「医学モデル（医療モデル）」といいます。この考え方に基づくと、訓練ないしは治療して、心身の機能を改善・回復

させることが支援の目的とみなされます。従来の日本では、この考え方が主流でした。

　それに対して、「社会モデル（生活モデル）」というモデルがあります。これは、心身の機能ではなく、そのことにより生活しにくかったり、社会に参加できなかったりすることこそ、障害であるという考え方です。つまり障害は、個人に存在しているのではなく、社会、ないしは社会と個人との相互作用や関係性のなかに存在していると考えるのです。

　WHO（世界保健機関）は、これらの 2 つのモデルを統合して、2001年に ICF（国際生活機能分類）というものを作成しました。これは、図1-1 のようなモデルで、生活機能（心身の機能、活動、参加）が何らかの原因で制限されている状態を「障害」ととらえるものです。そして、その原因には環境因子と個人因子があると考えます。つまり、このモデルで考えると、何が「障害」になっているのかが解明されると同時に「どうしたら障害を軽減することができるか」が明らかになるというメリットがあります。

図 1-1　ICF（国際生活機能分類）

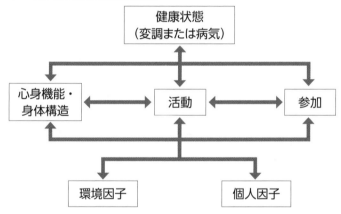

事例 1　同じ「障害」でも社会によって「障害」は大きく違う

　みのりちゃん、もとこちゃん、みきちゃんは、脳性まひのために下半身がうまく動かせません。その程度は 3 人とも同じぐらいです。

　みのりちゃんともとこちゃんには車いすが支給されていますが、みきちゃんの育った町にはそうした制度がありません。

　みのりちゃんの住む町は車いす対応が進んでおり、街の歩道を移動するときにも、バスや電車などの乗り物を利用するときにも、お店の中に入るときにも、学校に通うときにも何の問題もありません。反対に、もとこちゃんの住む町は車いす対応が進んでいません。歩道が通れない、バスや電車に乗るのが困難、図書館などの公共施設が車いすでは入りにくいということがあります。そして、就学の際には通常の学校では車いす対応ができないため、特別な学校に行くことになります。

ワーク1

①みのりちゃん、もとこちゃん、みきちゃんにとっての「障害」とは
　何でしょうか。ICFの図を参考に考えてみましょう。
　・「心身機能・身体構造」の制限とは何でしょうか。
　・「活動」の制限とは何でしょうか。
　・「参加」の制限とは何でしょうか。
　・その制限の背景にある「環境因子」と「個人因子」とは何でしょうか。
②あなたの住んでいる町は、みのりちゃん、もとこちゃん、みきちゃ
　んの住む町のどれに最も近いでしょうか。そう考える理由も考えて
　みましょう。

2 ｜ 「支援」について考える

まず、次の事例について考えてみましょう。

事例2　手先がうまく使えないらんちゃん

　ダウン症（→巻末133頁参照）のらんちゃんは、手先がうまく使えない
ために、朝の身支度の際のタオルかけが一人ではできません。あなたが担
任保育者ならどうしますか。

おそらくさまざまな考え方があると思われます。
①一人でタオルかけができるように、保育者が促して練習させる。
②友だちに手伝ってもらえるようなつながりをつくる。
③その時間は保育者がなるべくそばにいるようにして手伝う。
④タオルかけのフックを、らんちゃんができるようなものに取りかえる。
⑤手先が発達するように、遊びを工夫する。
⑥その他（考えてみましょう）。

　これらは、どれが正解と簡単にいえるものではありません。たとえば
①のやり方は、少し練習してらんちゃんができるようになることであれば、
らんちゃんは、できたことで達成感を得られるかもしれません。一方、ら
んちゃんの手先の動きの状態いかんでは、練習してもなかなか一人ででき
るようにはならない可能性もあります。もしそうであれば、らんちゃんの
がんばりたい気持ちをそいだり、その練習によって、らんちゃんのやりた
いことや、ほかの子どもとの遊びの時間を削ったりすることにもつながり
ます。つまり、タオルかけ一つとっても、「できないことをできるように
する」ことや「できないことを手助けする」ことという面からだけではな
く、その子どもの現在の状況やクラスの状況、それらの今後の見通しを含

めた保育のねらい（願い）を立てていき、総合的な視点から考えていく必要があります。

ワーク2

　前述の①〜⑥のやり方をしたとき、どのようなプラス面、マイナス面がありうるか考えてみましょう（⑥のやり方は自分で考えてみましょう）。

事例3　高度難聴のちひろくん

　ちひろくんは、高度難聴のためにことばをもたない5歳の子どもです。身体が小さく、知的にも遅れがあり、人なつこいため、クラスの友だちからは、「赤ちゃん」のようにある意味大切に扱われていました。そうした環境のなかで、ちひろくんはだんだん「友だちにやってもらって当たり前」という姿勢を身につけていきました。そのことに危機感をもった保育者は、まず、友だちからあいさつをされたら、きちんとあいさつを返すということを、ちひろくんに粘り強く教えていきました。

　ちひろくんは、聴覚障害**特別支援学校**幼稚部にも通っており、そこで学んだ手話がいくつか使えます。ふだんの生活のなかでは、友だちが手話を使えないために、ちひろくんが手話を使う場面は限られてしまいます。保育者はお集まりのときに、ちひろくんを講師として皆で手話を学ぶ「手話の時間」を取り入れていくことにしました。ちひろくんも、自分の学んだ手話を友だちに教えることにとても興味をもち、友だちも、ちひろくんが自分たちの知らないことをたくさん知っているということを学ぶ機会になりました。その後、学んだ手話をクラスで使い合う場面も増えました。

　これは、筆者が実際に会った子どもです。筆者は、ほとんどあいさつに興味をもたないちひろくんに、どうして保育者はこんなに粘り強くあいさつを返すことを教えているのか、実は最初のうち、よくわかりませんでした。しかし、保育者が、ちひろくんとほかの子どもたちのアンバランスな関係性を気にしていることを聞くうちに、「あいさつを返すこと」は「相手と自分との対等性」をわかりやすい形で教えていくとっかかりであったことに気がつきました。つまり、保育者のねらい（願い）は、「あいさつができること」ではなく、「自分がクラスの友だちと対等な存在である」ことを、ちひろくんが身をもって理解していくことでした。そしてそれは、ちひろくんだけの認識にとどまらず、ちひろくんのことを「自分たちより

用語　特別支援学校
　「学校教育法」で規定された、障害のある子どもに対する、幼稚園から高等学校までに準ずる教育を施す学校。障害による学習上または生活上の困難を克服し、自立を図るために必要な知識技能を授けることを目的とする。以前の盲、聾、養護学校。地域における特別支援教育の中心としての機能も有する。

幼い子ども」として認識していたクラスのほかの子どもたちにも、赤ちゃんとしてではなく、対等な仲間としてちひろくんを尊重することを学ぶ機会をつくることで、達成されたのでした。

「支援」というと、どうしても「できないところ」「困っているところ」を重視しがちです。また、それは保育者として、最も気づいていかなければならないところの一つでもあります。しかし、保育のなかで支援していくべき対象は、「障害」ではなく子どもです。

発達心理学者の浜田寿美男は、「子どもはその力を環境の中で発揮できたときに発達する」と述べています[1]。子どもの苦手なところだけではなく、子どもの力を知り、その力をどのようにしたら生活のなかで発揮できるのかを考えることが大切です。さらにその子どもが安心して楽しく過ごせているのか、自分のことも他者のことも信頼できているのかなどを大切にしながら、「支援」というものを考えていく必要があります。「支援」を大局的に考えれば考えるほど、その支援の方向性は、障害のあるなしに関わらないものとなってくるのです。

3 | 合理的配慮とは

合理的配慮は、日本が2014年に批准した「障害者の権利に関する条約」において明確に定義されている概念です。その骨子は、以下のとおりです。

---

①障害のある人とほかの人との平等性を担保するものである。
②障害のある人が自分の権利を守り、行使するために必要なものである。
③まわりに過度な負担を課さないものである。

この条約は国連総会で採択された国際的な条約ですが、これを土台に国内の法律としてできたのが、2016年に施行された「障害を理由とする差別の解消の推進に関する法律」(障害者差別解消法)です。民間の事業所では、まだ合理的配慮の提供は努力義務ですが、行政機関、地方公共団体等では、法的義務であることが定められています。しかし、ここが難しいところでもありますが、基本的に合理的配慮は、配慮を要する当人が申し出るということになっているため、何が必要な配慮であるか、また、「過度な負担を課さない」配慮とはどの程度のものであるかに関して、議論の余地は大きいといわざるをえません。

では、保育所で行う合理的配慮について考えてみましょう。

 ＊1　日本臨床発達心理士会「第8回全国大会シンポジウム」(2012年)

事例4　聴覚過敏のあるたかとくん

　たかとくんは、**自閉スペクトラム症**（→巻末133頁参照）の診断をもつ
4歳児です。彼は聴覚に過敏さがあり、ある種の音や大きな音に非常な不
安を示します。

　このなかの「ある種の音」が、日常生活のなかである程度制限できるよ
うな音、たとえば、のこぎりの刃をひく音であったり、お湯が沸騰する音
であったりしたときには、そうした音から遠ざけてあげることは、まわり
の人にとって大きな負担をともないません。また、いすの脚が床と擦れ合
う音などの、日常生活上遠ざけられない音でも、いすの脚にカバーなどを
取りつけて音を防ぐことはできるでしょう。

　しかし、たかとくんの苦手な音が、人の話し声だったらどうでしょうか。
たかとくんのいるクラスでは会話を制限するというのは、ほかの子どもの
当たり前の権利の制限にもなり、たかとくんの育ちにとってもマイナス面
が大きいといえるでしょう。そうした場合は、ほかの子どもの会話を制限
するというよりも、たかとくんが音に対してつらくなったときに、避難で
きる静かな場所を確保することが、合理的配慮になってきます。

　また、運動会など、どうしても大きな音が必要な場合があります。その
ときに、「しかたないから我慢させる」のではなく、いつどこから大きな
音が出るのかが予測できるようなスケジュールボードをつくって、たかと
くんと共有したり、音源から彼を遠ざけたりするという手だてを考えるこ
とはできます。大きな音のなかでも、どのような音が特に嫌なのかを彼か
ら聞き取ることもできるかもしれません。

　『高機能自閉症児を育てる』（小学館、2010年）を書いた高橋和子は、
自閉症の息子さんが小学校に通っていたときに、運動会でピストルの音が
苦手な、わが子の特性を校長先生に話に行き、運動会当日もピストルでは
なく、笛で合図をしてほしいと申し出たけれども、理解が得られず、案の
定運動会当日にピストルの音を聞いてパニックになった息子さんは、その
後不登校状態になってしまったことを述べています。これはかなり昔の話
ですが、現在でしたら「合理的配慮」の不提供ということで問題になって
いたかと思います。つまり、「前例がない」ということや、「みんな一緒で
ないといけない」というような、日本社会にありがちな理屈を払拭してい
くことが求められるということです。

　たかとくんの話に戻りましょう。幼稚園や保育所に通う子どもの場合、
実は合理的配慮の提供にあたって大きな問題があります。たかとくんを例
にしますと、たかとくんは「自閉スペクトラム症」という診断がつけられ
ていましたが、特に**発達障害**（→巻末133頁参照）の場合、乳幼児期には
まだ診断がつけられていない場合も多いのです。もしたかとくんに診断が
つけられていなかったら、合理的配慮は提供できないのでしょうか。

　診断があるかないかで、子どもの必要としている配慮の有無が変わるこ
とはおかしなことです。つまり、「障害者差別解消法」では、明確に「障

害者」としていますが、保育所の場合、そこが明確ではなくとも、子ども
が必要としているかどうかで判断すべきだということがいえます。

　もう一つ、たかとくんの事例では、聴覚過敏ということも、どのような
音が苦手なのかも、まわりに理解されているという前提でした。しかし、
こうした子どものもつ発達の特性は、常に自明のことなのでしょうか。

　乳幼児であれば、自分の不安の原因や正体を理解していない可能性、ま
たは、わかっていても適切にまわりに伝えられない可能性は大いにありま
すし、保護者にしても同様です。「何かわからないけれど、いきなりパニッ
クを起こす」とされている場合も多いのではないでしょうか。

　つまり、本当の意味で「合理的配慮」を提供するためには、そもそもそ
の子どものことが保育者に理解されていなければ出発点に立てません。も
し、たかとくんが聴覚過敏という特性をもっていることが保育者に認識さ
れておらず、「何かわからないけれど、いきなりパニックを起こすことが
ある子ども」と理解されていれば、原因である嫌な音を制限したり遠ざけ
たりする配慮は提供できませんから、パニックを起こしてしまったら保育
者がたかとくんを別室に連れて行き、パニックが収まるまで待つことを配
慮とするとされてしまうでしょう。しかし、これは保育上のただの危機管
理であって、たかとくんにとっての合理的配慮とはいえません。

　つまり、保育における合理的配慮は、以下のようにいうことができます。

> ①診断名・障害名等がなくても、子どもが困っていたら、提供すべき
> 　ものである。
> ②子どもや保護者からの申し出がなくても提供すべきものである。
> ③保育者が子どもを理解していないと提供できないものである。

　これが「合理的配慮だ」というものが世の中に存在しているのではなく、
子どもを理解し、その子どもの気持ちに添いながらやりとりし、試行錯誤
するなかで、その子どもにとっての「合理的配慮」が見いだされてくるの
です。

ワーク3

　同じ状態に見える子どもでも、原因によって合理的配慮は異なりま
す。あなたが保育したことのある子どもの姿を思い出しながら、次の
ような状態にある子どもの合理的配慮について考えてみましょう。

事例5　お集まりが嫌なだいちくん

　4歳児クラスのだいちくんは、お集まりになると拒否を示し、クラスか
ら出て行ってしまいます。

　なぜだいちくんはお集まりが嫌なのでしょうか。さまざまな仮説が立て

> られると思います。例を参考にしながら、それぞれの仮説に応じて合理的配慮のあり方を考えてみましょう。
> （例）仮説：保育者の説明が理解できない。
> 　　　合理的配慮：だいちくんが理解できるような視覚的な手がかりを入れていく。

4 | 子どものことは子どもから学ぶ

　筆者の知っているある保育者は、クラスにいる**アスペルガー障害**（→巻末133頁参照）の子どもがどうしても一列に並ぶことができなかったため、まず彼を列の一番前に並ばせてみました。そうしたら、彼はその場所にずっといることができました。保育者は次に彼を列の 2 番目に並ばせてみました。そのときも、彼は列の中にいることができました。保育者は次に列の 3 番目に並ばせてみました。そうすると、彼は列から外れてどこかに行ってしまいました。そうした経験から、その保育者は「彼は 3 番目以降になると、自分がどこにいるべきかわからなくなってしまうようです」と話してくれました。

　保育者の子ども理解とはこうした子どもとのやりとりのなかから生まれてくるのではないでしょうか。それは、一人ひとりの子どもがまわりの世界をどのように見て、聞いて理解し、どのような思いでもって、その世界にどのように働きかけているのか、そうした子どもの視線、思いに立脚しながら理解していくやり方です。この事例の子どもを「アスペルガー障害」と診断した医師に、この子どもはなぜ列に並べないのか、どうしたら並べるかを聞いたとき、的確に答えられるでしょうか。私は難しいと思います。そのことはすでに医療的なことではなく、保育者の専門性で解決すべきことだからです。

　子どもに障害があるとわかったり、障害があるのではないかと思われたとき、保育者は、往々にしてその子どもの診断名を知りたいと思ったり、診断を得てから支援を考えたいと思ったりします。しかし、たとえば、「アスペルガー障害」という診断名をもっていても、子どものもつ特性は百人百様です。診断名の示すものは、その子どもの「障害」の面でしかなく、およそざっくりとしたものでしかありません。その子どもを「障害」から理解するのではなく、ほかの子どもと同様、誠実にその子どもに向き合って、理解しようと努力する保育者の姿勢が、適切な支援を生んでいくのです。

気になる子どもとは

「気になる子ども」と
しっかり向き合って
支援を考えることが、
定型発達の子どもや
障害のある子どもへ
のより深い向き合い
方にもつながる。

ポイント

1 「気になる子ども」が生まれた背景には歴史的意味がある。
2 「気になる子ども」の行動の背景にはその子どもの発達特性がある。
3 一番困っているのは、「気になる子ども」自身である。

1 | 「気になる子ども」とはどういう子どもか

1 「気になる子ども」はどのように生まれたのか

　皆さんもご存じのように、日本において制度としての統合保育が始まったのは、「障害児保育事業実施要綱」が施行された1974年です。その頃は、当然ながら「健常児」と「障害児」は別のものであり、「健常児」の集団のなかに「障害児」を入れて保育することが、統合保育とみなされていました。筆者は、1980年代から保育所を訪問するようになりましたが、その時期の保育所でよく聞かれたのが、「クラスに複数の『気になる子ども』がいて、障害のある子どもよりもその子たちのほうが、保育が難しい」という保育者の嘆きでした。障害のある子どもの理解や支援のための体制が整いつつあるなかで、「正体不明」の「気になる子ども」の扱いに苦労していたのだと思います。

　保育に関する研究のなかでも「気になる子ども」は長年取り上げられてきました。最初に論文に取り上げられたのが1991年で、1996年ごろから取り上げられる数が急増したそうです（石井、2013）。つまり、保育者にとっ

て「気になる」と感じられる子どもたちの存在が、その時期に広く共通理解されてきたということでしょう。

２　「気になる子ども」と発達障害児・被虐待児

　1990年代に入り、児童虐待が社会的に取り上げられるようになってきました。今では当たり前のように目にする、児童相談所への虐待相談件数の統計も1990年から始まりました。そして、2000年には「児童虐待の防止等に関する法律」（児童虐待防止法）が施行されました。その頃から、保育においても、特異な対人関係のもち方や他児への暴力など、さまざまな問題行動を示す子どもたちのなかに、「虐待を受けている子ども」がいることが知られるようになってきました。つまり、正体のわからなかった「気になる子ども」の受け皿として、「被虐待児」というものが一つできたということになります。

　一方、同じ時期に「軽度発達障害」という概念が知られるようになってきました。現在ではこの「軽度」ということばは使われていませんが、これは主に「知的障害のない**発達障害**（→巻末133頁参照）」という意味で使われていました。知的には遅れがないけれども、コミュニケーションに困難があったり、多動性や衝動性を抱えていたりし、しかもまわりからなかなか理解されずに困っている子どもたちが実は大勢いるのだということが、社会的に知られるようになってきたのです。つまり、保育者にとって、正体のわからなかった「気になる子ども」の受け皿として、ぴったりくるものがもう一つ出てきたわけです。

　筆者はこの頃、保育所を回っていて、よく「この子どもの問題は、家庭の養育の問題ですか？　それとも発達障害ですか？」と聞かれました（現在でもまだ聞かれることはありますが）。つまり、「気になる子ども」の背景には２種類あり、それは発達障害か虐待であり、それを早く見分けて支援のルートに乗せることが、保育者のやるべきことだと信じられていた時代であったということです。

３　再び「気になる子ども」とは

　では、本当に「気になる子ども」に対する保育者の支援とは、そのような「見分け」つまりレッテルを貼ることと、その後、支援のルートに乗せることなのでしょうか。

　そもそも「気になる子ども」の「気になる」の主語は誰かといえば、子どもではなく保育者です。つまり、保育者の目から見て、何か理解に苦しむ子ども、保育しにくいと思わせられる子どもということではないでしょうか。それを、保育を見直すという視点ではなく、子どもを弁別してレッテルを貼ることで「わかったような気になる」のは、大変危険なことだと思います。

　「気になる子ども」はその正体がわからないからこそ、保育者を悩ませ、不安にさせます。ですから、虐待や発達障害などの概念で理解したくなる気持ちもよくわかります。しかし、「気になっている」のは保育者なので

11

すから、なぜ自分はこんなに気になるのか、どこが気になるのか、それはどうしてなのかについて、子どもと自分自身とに向き合う必要があるのではないでしょうか。

また、被虐待児と発達障害のある子どもは、二律背反の関係、つまり、あれかこれかの関係にはないことを知っておくことも必要です。発達障害の特性をもっていれば、その子どもの育児は非常に困難になることが一般的ですから、適切な支援が入らない限り、保護者は不適切な養育に追い詰められていきます。一方、虐待の状況に長く置かれた子どもは、生まれつき発達障害の傾向をもっていない子どもでも、同様の行動障害をもつようになることもよく知られていることです（杉山、2007）。つまり、そうした子どもに対しては、生まれつき発達障害のある子どもと同様の支援が必要になってきます。

ですから、虐待と発達障害は「あれかこれか」で考えられるようなものではなく、非常に緊密につながっているものであり、むしろ重複している場合が多いと考えたほうが適切なのです。つまり、もともと発達的な障害があったり、障害とはいえないまでも、発達障害的な特性の強い子どもの育児に保護者が困り果てた結果、親子関係が適切に紡がれずに不適切な養育が重なっていくという図式です。要素が重複していた場合に、どこまでが生まれつきの発達障害の影響で、どこからが不適切な養育のせいであるかというようなことを論じることには意味がありません。原因をうんぬんするよりも、簡単にレッテルを貼ることができない子どもだからこそ、子どもとていねいに向き合って理解することが必要になります。

2 ｜「気になる子ども」の特徴とは

現在では、しかるべき医療機関を受診すれば、比較的速やかに「発達障害」の診断が下される現状がありますから、ここではいわゆる発達障害の診断基準とは別のところで、「気になる子ども」によくみられる特徴のうちいくつかを取り上げたいと思います。なお、以下の特徴は、すべての「気になる子ども」がもっているわけではありません。また発達障害のある子どもにも、被虐待の子どもにもみられることの多いものです。

1 覚醒レベルが適切に保てない

覚醒レベルというのはあまり聞いたことのないことばだと思います。これは、脳の覚醒レベル、つまり脳がどの程度起きた状態であるかということです。私たちの脳はいつも一定のレベルを保っているわけではなく、もちろん睡眠時には覚醒レベルは下がっていますし、目覚めると急激にレベルはアップします。起きているときでも、夜疲れているときなどは、ボーッとしてしまうことも多いですし、頭が働かない状態であることを自覚することも多いでしょう。これが「覚醒レベルが下がっている」状態です。ま

わりからの情報を取り入れて学習するためには、脳が目覚めていなければならないわけで、この状態が保てないと、いくらよい活動を行っても、子どもには情報が入らないことになります。

しかし、「気になる子ども」のなかには、脳の覚醒レベルがなかなか適切に保てない子どもたちがいます。

事例 1　**生活リズムの整わないみなちゃん**

　3 歳児クラスのみなちゃんは、いつも遅れて登園します。登園してしばらくはボーッとしていることが多く、朝の支度がなかなか進みません。保育者が声をかけても届かず、目の前で顔を合わせて声かけしないと気がつかないことも多くあります。午前中はボーッとしていることが多いのに、午睡時になると今度はなかなか寝ません。そして起きるとハイになります。午前中にもっと元気に活動できればと思い、保護者には、もっと早く起こして早く登園することをすすめているのですが、母親は生返事をするだけであまり実行してくれません。

　みなちゃんのような子どもはどの園でも珍しくないと思います。家庭でもっと生活リズムを整えてくれたら、と思わせられます。しかし、もしかすると、生活リズムがなかなか整わない背景に、みなちゃんが、もともと脳の覚醒レベルを調節する機能が未熟で、朝なかなかレベルが上がらず、夜は下がりにくいために、夜興奮状態になり、保護者は寝かしつけることに苦労しているといったことがあるのかもしれません。

事例 2　**騒がしいところでは多動になるせいじくん**

　2 歳児クラスのせいじくんは、保育所の中ではよく動き回り、何だかいつもハイになっているようです。じっとしていることが苦手で、お集まりの際にも、常にちょろちょろしています。母親にせいじくんの様子を伝えると、母親は自宅では落ち着いていると答えたため、それ以上の話し合いができませんでした。

　園内でせいじくんのことを話し合ったときに、たまたま朝早く登園して、まだほかの子どもたちがあまり登園していないときに、せいじくんがとても落ち着いて集中して遊んでいた姿が報告されました。

　せいじくんのような子どもを「多動な子」として、病院の受診をすすめていくことはよくあることかもしれません。また、園と家庭におけるせいじくんの理解のギャップに驚くこともあるでしょう。しかし、これは保護者の認識がずれているのではなく、せいじくんの脳が、まわりからの情報の量に大きく影響を受けがちであるというところからきているのかもしれません。まわりの刺激や情報が少ないところでは、脳の覚醒レベルが適切に保てるけれども、保育所のように常に多くの刺激が入ってくるようなところでは、覚醒レベルが高すぎる興奮状態になってしまう子どもです。このような子どもは、家庭での姿と園での姿に大きなギャップがみられます。

　みなちゃんとせいじくんが、脳の覚醒レベルに特徴のある子どもだということがわかってきたときに、園として、また保育者として何を考えますか。なお、これらの年齢では、投薬治療で脳の覚醒レベルを調節することは基本的に行いません。

　次の①②も考慮しながら検討してみましょう。なお、①を検討してはじめて②にいけるのであって、保育における対応を考える前に保護者と連携しようとしても、往々にしてうまくいきません。それは、子ども理解を深く追究するなかで、家庭と連携できる専門性が、ようやく保育者のなかに醸成されるからだと思われます。

①保育上の対応を考える：みなちゃんもせいじくんも、注意されたからといって、脳の覚醒レベルを自分でうまく調節できるようになるわけではありません。ではどのような対応が可能でしょうか。

②家庭との連携を考える：子どもの共通理解をどう考えるのでしょうか。家庭での姿も園での姿も同じせいじくんです。また、みなちゃんの家庭が困っていることに対して何ができるでしょうか。

2 　感覚の独自性と感覚―運動協応の未熟さ

　「気になる子ども」は、感覚の独自性や、感覚―運動協応の問題を抱えて苦労していることが多く、また、感覚のことは本人にしかわからないことが多いため、別の問題として現場で把握されていることがあります。ここでは、そうした問題があるということだけ紹介して、くわしくはレッスン5に譲りたいと思います。

3 　すぐに忘れてしまう

　「憶える」という機能には、①記銘（情報を記憶すること）、②保持（憶えた状態を維持すること）、③再生（憶えた内容を取り出すこと）の3つの側面があります。また、一般にはあまり知られていないことですが、記憶のしかたやその容量は大人でも実は人それぞれです。「気になる子ども」には、上記の①でつまずいている子ども、②が困難な子ども、③が困難な子ども、重複して困難をもつ子どもたちがいます。また、たとえば、好きな車に関してはいくらでも憶えられるけれども、興味をもてないことは何回聞いても忘れる（憶えられない）子どもや、目で見たことは比較的憶えていられても、聞いたことは次の瞬間に忘れてしまう子どももいます。憶えたはずと見えても、次に何か興味のあるものを見てしまうと、記憶が飛んでしまう子どももいます。

> **事例 3**　身支度がなかなか自立しないさえちゃん
>
> 　3 歳児クラスのさえちゃんは、保育者が言えばわかることも多い子どもなのに、2 歳児クラスからずっと続けている身支度の確立がなかなか達成できません。2 歳児クラスではほぼ 1 人の保育者がついて、次にすべきことを一つひとつ声かけしていました。
> 　3 歳児クラスになって、担任保育者の数が減って、1 人の保育者が彼女につくということはできなくなりました。1 つ行ったらフラフラしてしまうことは続いていますが、その様子を見て、遠くから保育者が「次に何をするの？」と聞くと、さえちゃんは考えて答えられるようにはなりました。しかし、それをやろうとしているときに別のものが目に入ると、そっちに行ってしまうということも続いています。

　さえちゃんは、筆者が実際に会った子どもです。保育者たちは、非常にていねいに身支度を身につけさせようとしてきました。おそらくさえちゃんは、①の記銘はできるのだと思います。しかし、②の保持や③の再生の際に、ほかの刺激・情報に邪魔されてしまう確率が高いのでしょう。こうした「現在行っている、または行おうとしているものごとや作業に関する記憶」のことをワーキングメモリといい、「気になる子ども」の特徴として、このワーキングメモリの働きが未熟なことも明らかになってきています。

> **ワーク 2**
>
> 　あなたがさえちゃんの保育者だったら、声かけ以外にどのような対応を考えますか。環境設定も含めて、さまざまな視点から案を出してみましょう。

4　意図の理解・社会的な状況の理解の困難

　「気になる子ども」は、コミュニケーションが苦手で、会話が一方的になりがちだったり、ちぐはぐになったり、相手の意図を読み違えて、ぶつかっただけなのに、叩かれたと思って怒ってしまう、などの行動がみられがちです。

　そもそも私たち「意図の読める人間」は、「相手の意図」をどのように読んでいるのでしょうか。

　コミュニケーションをとるということは、ただ相手のことばを聞いて、その内容を理解することではありません。その際に私たちは、相手の目線や表情、しぐさ、姿勢、声のトーンなど、非常に細やかで、しかも同時並行で入ってくるたくさんの情報を、実はものすごいスピードで情報処理しているのです。たとえば、文字で書くと同じ「よかったね」ということばも、本当にうれしそうな表情ではずむように言ってもらったときと、にらむような表情で文句を言われるような口調で言われるときとでは、私たち

に伝わるものは正反対です。この「たくさんの情報を同時並行的に処理する」ということが、多くの「気になる子ども」が苦手としているものです。

それは、社会的な状況の理解についても同じことで、今、どのようなルールでこの場が回っているのかを理解したり、ごっこ遊びで、誰がどのような役割でどのようなイメージを皆でつくり上げようとしているのかを理解したりすることも、同じように、たくさんの情報のなかから必要な情報を選び出してつなげていかないとできません。これは、「気になる子ども」にとっては実は大変な作業なのです。

事例4 **何度も同じことで注意され続けているゆりちゃん**

3歳児クラスのゆりちゃんは、他人が使っているものをすぐにもって行って自分で使ってしまいます。そのためにトラブルが絶えません。保育者はそのつど、ゆりちゃんに「このブロックはよしくんが使っていたよね。よしくんに返してごめんなさいしようね」と伝えています。そう言われると、ゆりちゃんは案外素直によしくんに返して「ごめんなさい」も言います。しかし、すぐに同じようなことを繰り返してしまいます。

保育者は、ゆりちゃんがあまりにほかの子どもの使っているものを取ってしまうため、ほかの子どものもっているものが欲しい子どもなのかと思っていました。しかし、もしかするとゆりちゃんは、ほかの子どもが使っているという、そのこと自体に気がついていないのかもしれません。

この事例だけでなく、保育者の対応で子どもの行動が改善されない場合、それは保育者の対応自体を変えていく必要があるということです。「なぜ同じ行動を繰り返してしまうのだろう」と考えたときには、保育者自身の子ども理解を再検討したほうがよいかもしれません。

ワーク3

あなたがゆりちゃんの保育者なら、どのような対応を考えますか。「社会的な状況がわからない」ということは、おそらくゆりちゃんの脳機能の特徴からであって、何度も注意されたからといって、大きく変化するものではないと考えたときに、対応を大きく変える必要があると思われます。

---

5 **衝動的に動く**

「衝動性」は、AD/HD（注意欠如／多動症（→巻末133頁参照））の診断基準の一つとなっていますので、これはAD/HDと診断がついた子どもにも大きく関係することです。子どもが幼い頃は、「多動性」のほうが目立つのですが、本人は「衝動性」で苦労していることが多く、しかも多動性は、適切に対応すると、就学のころには比較的落ち着いてくることも多いのですが、衝動性は、成長しても残りやすいといわれています。

衝動性に関して特に注意すべきことは、これが不適切な養育・保育環境のなかできわめて亢進しやすいということです。保育のなかで特に衝動性は、他児への手出しという形で現れやすく、その繰り返しで保育者と子ども、子ども同士の関係性が悪くなるだけではなく、保育者と保護者、さらには保護者同士の関係性の悪化にまで発展して、全員が不信感と傷つきのなかに取り込まれるといった事態に追い込まれていくこともあります。

衝動性の強い子どもは、自分がいけないとわかっていながら手を出してしまうことに関して自責の念をもつことが一般的です。そこに保育者や保護者の叱責が加わり、ますます自尊心が低下し、そのことによりセルフコントロール（衝動性を自分で抑える力）をそいでいき、衝動性が強くなるという悪循環に陥ります（市川、2016）。その悪循環を断つことができるのも保育者なら、助長してしまう可能性があるのも保育者です。「手出しをどうやって止めるか」だけではなく、悪循環をどう断ち切るか、そのために子どもの自尊心をどのようにサポートするかを考える必要があります。

ワーク4

クラスに、何回注意しても他児への手出しが収まらない子どもがいるとします。その子どもへの対応をどうしていくか、さまざまな視点を出し合いながら、グループで話し合いましょう。

3 ｜ 「気になる子ども」と向き合っていくと……

以上、「気になる子ども」をどのように理解し、どのように向き合っていくのかということについて述べてきました。現場にはまだまだ、「気になる子ども」を発達障害のある子どもか被虐待児に分けるという視点が残っているところもあります。それはおそらく「正体がわからない」ことへの保育者の不安感がベースにあると思います。わからないということは不安ですが、レッテルを貼ったからといってわかるものでもなく、障害があってもなくても、その子どものことはその子どもとしっかり向き合わなければわかりません。むしろこのことは現場の保育者が一番よく知っていることではないでしょうか。

正体のわからない「気になる子ども」としっかり向き合って、悩みながら支援を考えることで、いわゆる定型発達の子どもの理解も、また障害のある子どもへの向き合い方も、一段と深く学ぶことができるのではないでしょうか。「わからない」ということから逃げずに、「わからない」を抱えていくことは、保育を深く考えていくことに通じているように思います。

医療的ケア児の理解と支援

人工呼吸器をつけ
ている子どもも外で
散歩ができる。

写真提供：東京大学医学部附属病院

ポイント

1 医療的ケア児には、日常的に医療行為が行われている。
2 医療的ケア児は、年々増加している。
3 医療的ケア児の集団生活での支援の充実が求められている。

1 医療的ケア児の現状

1 「医療的ケア児」とは

　「医療的ケア児」とは、在宅等で日常的に、たんの吸引・経管栄養・気管切開部の衛生管理、酸素投与、導尿等の医療行為が行われている子どものことです。

　具体的に行われている医療的ケアには、表3-1のような種類があり、★印がついているケアは、研修を受けた保育士・教員が行える医療的ケアで、それ以外は、看護師などの医療的処置が行える専門職が行います。

　経管栄養、鼻腔内・口腔内・気管吸引は、看護師以外にも研修を受けた保育士・教員が行うことができますが、家族からの委託ということで、誰がどのように行うかの確認が必要となります。導尿が必要な場合は、在園の看護師が行うか、派遣看護師が行うか、家族が行うかの確認を行い、保育者は必要なときに依頼を行います。在宅酸素療法を行っているときには、体調が変化したときや災害が起こったときの緊急時の対応を確認します。また、集団生活なので、周囲の子どもにどのように説明・指導していくか

表 3-1　医療的ケアの例

栄養	★経管栄養（鼻腔に留置されている管からの注入） ★経管栄養（胃ろう） ★経管栄養（腸ろう） 　経管栄養（口腔ネラトン法） 　IVH中心静脈栄養
呼吸	★口腔・鼻腔内吸引（咽頭より手前まで） 　口腔・鼻腔内吸引（咽頭より奥の気道） 　経鼻咽頭エアウェイ内吸引 ★気管切開部（気管カニューレ内）からの吸引 　気管切開部（気管カニューレ奥）からの吸引 　気管切開部の衛生管理 　ネブライザー等による薬液（気管支拡張剤等）の吸入 　経鼻咽頭エアウェイの装着 　酸素療法 　人工呼吸器の使用
排泄	導尿（介助）
その他	

★：特定行為。研修を受けた保育士・教員が行える。
出典：文部科学省初等中等教育局特別支援教育課「学校における医療的ケアの必要な児童生徒等への対応
　　　について」2017年

の確認も大切です。

2　医療的ケア児の推移と支援

　近年の医療の進歩により、超**早産児**や重度の障害のある子どもも救命で
きるようになりましたが、長期入院して退院したあとも、たんの吸引や経
管栄養などが必要な医療的ケア児が、年々増加しています（図 3-1）。

図 3-1　医療的ケア児数の推移

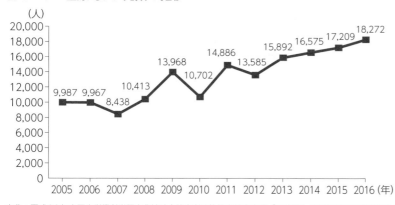

出典：平成29年度厚生労働科学研究費補助金障害者政策総合研究事業「医療的ケア児に対する実態調査と
　　　医療・福祉・保健・教育等の連携に関する研究（田村班）報告」2017年をもとに作成

用語　早産児
　妊娠37週より前に出生した新生児のことだが、とくに妊娠28週より前に出生した超早
　産児では、肺がまだ未熟なため肺障害が残り、酸素投与がしばらく必要なことがある。

レッスン
3

医療的ケア児の理解と支援

医療的ケア児は、自宅で家族が介護していることが多く、外出すること
や家族以外の人との交流ができないことがほとんどでしたが、2016年5
月に以下のような「児童福祉法」の改正があり、医療的ケア児に対し、地
方公共団体には保健、医療、福祉等の支援体制を整備することが求められ、
現在、取り組みが進んでいます。

「児童福祉法」第56条の6 第2項
　地方公共団体は、人工呼吸器を装着している障害児その他の日常生
活を営むために医療を要する状態にある障害児が、その心身の状況に
応じた適切な保健、医療、福祉その他の各関連分野の支援を受けられ
るよう、保健、医療、福祉その他の各関連分野の支援を行う機関との
連絡調整を行うための体制の整備に関し、必要な措置を講ずるように
努めなければならない。

　また、就学前に集団生活を希望する医療的ケア児も増加しており、保育
所や幼稚園でも、受け入れが増加しつつあります。最も多い医療的ケアは、
経管栄養とそれにともなう服薬管理ですが、次いで、たんの吸引、導尿と
なっています（図3-2）。

図3-2　保育所・幼稚園などで実施している医療的ケア（複数回答）

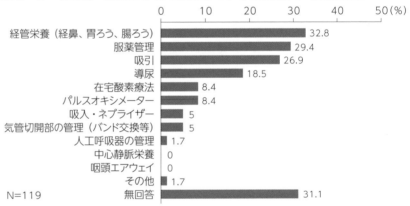

出典：平成27年度障害者支援状況等調査研究事業報告書「在宅医療ケアが必要な子どもに関する調査」
　　　2016年

2 ┃ 医療的ケア児が抱えている 障害や疾患

1 経管栄養を行っている子ども

　固形物を咀嚼したり、水分を飲み込んだりすることが難しい場合、流動
食を管から入れて栄養をとります。**脳性まひ**（→巻末133頁参照）や、神
経や筋肉の病気のとき、早産で生まれてその後の発達に遅れがある場合の
ほかに、咽頭や消化管の病気で経管栄養を行っていることもあります。

鼻から管を入れている場合が多く、挿入は医療機関で行い、管が抜けないように、ほおのところなどにテープなどで管を固定します。管の先端は胃に入っている必要があり、管の先端の位置を確認するために、管に注射器で空気を注入したときの気泡の音を聴診器で確認します。子どもが自分で管を抜いたり、移動するときに管を引っかけて抜けたりしてしまわないように気をつけます。管が途中まで抜けていることに気がつかずに流動食を注入した場合、気管に流動食が入って誤嚥してしまうことがあるので、せき込んだり様子がおかしかったりするときには、すぐに注入を中止して、管の位置を確認します。

管の挿入が長期間必要となるときには、**胃ろう**を造設する手術を行い、胃に直接流動食を入れることができる胃ろうカテーテルという器具をおなかのところに取りつけます。ここから流動食を直接入れることができるので、鼻から入れている管とは異なり、わずらわしかったり、抜けたりする心配はほとんどなくなりますが、カテーテルが汚染されたり、着替えたときに、自分で抜いたりしないように気をつける必要があります。

また、流動食で栄養をとっているときでも唾液などは飲み込むので、口の中を定期的に洗ってきれいにしておく必要があります。

2 たんの吸引が必要な子ども

脳性まひや、神経疾患、喉頭部の動きが悪いなど、水分を飲み込むのがうまくいかない子どもは、自分でたんを出すことが難しい場合が多くあります。その場合、誤嚥しやすく、のどや気管支のところにたんが絡まってゴロゴロしたり、ゼイゼイしたりして呼吸が苦しくなります。そこで、定期的に鼻腔内吸引、口腔内吸引が必要になります。研修を受けた保育士・教員は、咽頭より手前までの吸引をすることができます。吸引を行うときには必ず声かけをして行い、無理にカテーテルを入れて粘膜が傷つかないようにします。また吸引後のカテーテルに水をとおしてきれいにします。吸引圧は強すぎると粘膜を傷つけ出血することがあるので、気をつけます。

たんの吸引を頻回に行わなければならない場合は、気管切開をして、のどの気管のところに気管カニューレを入れて、そこからたんを吸引します。研修を受けた保育士・教員は、カニューレ内のたんを吸引することができます。鼻や口から吸引するときよりも、より感染に気をつけ、吸引は清潔な手袋をして行い、吸引をするたびに、清潔な水でカテーテルの内腔を洗浄するようにします。

3 酸素療法を行っている子ども

早産児で肺の発達が未熟な場合や肺の疾患などで、酸素投与が持続的に必要な場合、酸素療法を行います。酸素マスクと鼻腔カニューレ（図

 胃ろう
おなかに直接穴をつくって、そこから栄養を入れる方法。取りつけられた器具を胃ろうカテーテルといって、つなげて流動食を直接入れることができる。

図 3-3 酸素マスクと鼻腔カニューレ

酸素マスク　　　鼻腔カニューレ

3-3）で酸素を投与しますが、子どもの場合、自分で外してしまうこともあるので、十分な酸素を吸っているか確認する必要があります。酸素を供給する方法は、空気を濃縮する方法や、液体酸素を用いる方法があります。空気を濃縮する方法では、停電したときや故障したときに機器が使えなくなるリスクがあり、液体酸素を用いる方法は、液体酸素の配送が滞ったときに供給できなくなるリスクがあり、どちらも災害時に備えて緊急連絡先の確認と予備の酸素ボンベを用意しておくことが必要です。

　酸素が出ている近くでは引火する危険があるので、火を使用しないようにします。また、マスクやカニューレがずれていたり、チューブを圧迫したりすると、十分な酸素が供給されなくなりますので、寝ているときにはときどき気をつけて確認します。

4　導尿が必要な子ども

　神経の損傷で排尿をコントロールできないとき、尿道から膀胱にネラトンカテーテルを挿入して、膀胱の中の尿を体外に出す方法である導尿を定期的に行う必要があります。導尿は看護師が行いますが、尿をためすぎてしまうと尿が腎臓に逆流して感染症を起こしやすくなりますので、導尿をしない時間が長くならないようにします。尿が濁って発熱したときには、尿路感染症になっている可能性がありますので、早めに医療機関を受診します。また、導尿が必要な子どもは便秘にもなりやすいので、排便がきちんとできているかも家庭と連携して確認しましょう。

5　人工呼吸器が必要な子ども

　神経や筋肉の病気で、自分で十分に呼吸できない子どもは、日常的に人工呼吸器を使っていることがあります。近年、携帯型の人工呼吸器が普及して、人工呼吸器が必要な子どもも外出や集団生活が可能になってきています。その際には人工呼吸器の設定や、定期的にたんを吸引すること、災害や停電時の対応を準備しておくことが必要となります。医療機関などと連携をとりながら、活動範囲を広げていくことが望まれています。

6　医療的ケアを行っている子どもの精神的ケア

　医療的ケアを行っている子どもは、**心身障害児（心身ともに障害のある子ども）**に多く、病院や施設、もしくは自宅で療養していることが多いの

ですが、なかには知的障害をともなわず、通常の保育所や幼稚園、学校に通っていることもあります。これまで家族が医療的ケアを行うために学校に同伴する必要があり、それにより友人たちとの集団生活になじめなかったりすることもありましたが、最近では派遣看護師や研修を受けた保育士・教員が医療的ケアを行うことにより、家族同伴でなく集団生活を行えるようになる例も増えてきています。医療的ケアを行うときは別室で行い、それ以外の時間帯は、ほかの子どもたちとの交流や活動を通常どおり行えるようにします。

3 ┃ 医療的ケア児が利用できるサービス

　医療的ケア児が利用できるサービスとしては、表3-2の通所支援、訪問支援、相談支援のほかに、家族の負担軽減のための**レスパイトケア**があります。

表3-2　医療的ケア児が利用できるサービスの一部

	サービス名（制度）	主な対象	サービス内容
障害児通所支援	児童発達支援 （障害福祉サービス等）	0歳～5歳の未就学の障害児	日常生活上の基本的な動作の指導など
	医療型児童発達支援 （障害福祉サービス等）	肢体不自由がある医学的管理下での支援が必要な障害児	日常生活上の基本的な動作の指導等の支援と治療
	放課後等デイサービス （障害福祉サービス等）	6歳～18歳の就学する障害児	授業の終了後や学校休業日に生活能力向上の訓練などの支援
訪問支援	居宅介護 （障害福祉サービス等）	障害支援区分1以上に相当する支援が必要な障害児	居宅での入浴、食事、通院の介助、生活の相談など
	医療 訪問看護（医療保険）	【医療保険】 40歳未満の者、要介護者、要支援者以外	訪問看護師によるケア、日常生活の支援
	訪問診療（医療保険）		かかりつけ医が定期的に診察
	往診（医療保険）		かかりつけ医が急変時に診察
相談支援	計画相談支援 （障害福祉サービス等）	障害福祉サービスの申請（変更含）に係る障害児・保護者	障害福祉サービスの支給決定前にサービス等利用計画案の作成など
	障害児相談支援 （障害福祉サービス等）	障害児通所支援の申請（変更含）に係る障害児・保護者	障害児通所支援の通所給付決定前に障害児支援利用計画案をの作成など
短期入所（障害福祉サービス等）		障害支援区分1以上に相当または医療的ケアが必要な障害児	障害支援施設または病院等に短期間入所し日常生活を支援〈レスパイトケア〉

出典：厚生労働省政策統括官付政策評価官室アフターサービス推進室「医療的ケアが必要な子どもと家族が、安心して心地よく暮らすために――医療的ケア児と家族を支えるサービスの取組紹介」2018年

1 医療的ケア児の保育所利用

　医療的ケア児の保護者から保育所の入所申し込みがあったときには、市

用語　心身障害児（心身ともに障害のある子ども）
　肢体不自由と知的障害を合併している状態のことで、両者が重度のときは重症心身障害児という。

レスパイトケア
　介護をしている家族などが一時的に介護から解放され、休息をとれるようにする支援のこと。

図 3-4　医療的ケア児による保育所利用までの流れ（4月入所の場合）

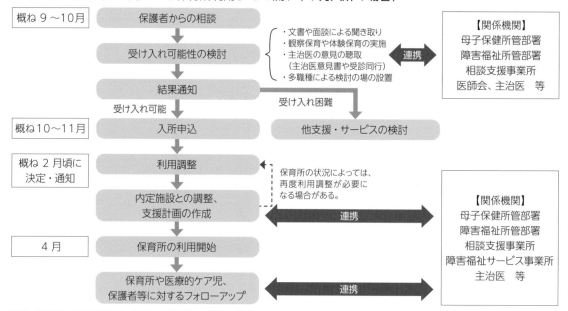

出典：保育所における医療的ケア児への支援に関する研究会「保育所での医療的ケア児受け入れに関するガイドライン」2019年

区町村では、集団保育の可否や医療的ケアへの対応を検討して、保育所などとの調整に十分な期間が確保できるようにします（図 3-4）。

2　医療的ケア児等コーディネーター養成

　厚生労働省では、地域の障害児通所支援事業所、保育所、放課後児童クラブおよび学校等において、医療的ケア児等への支援に従事できる者の養成や、医療的ケア児等の支援を総合調整するコーディネーターを養成するための研修を推進しています。今後は、地域において医療的ケア児等の支援に携わる保健、医療、福祉、教育等の各分野の関係機関および当事者団体等から構成される協議の場を設置して、現状把握・分析、連絡調整、支援内容の協議などを行って、医療的ケア児が安心して集団生活を含む地域での生活を行えるようになることが望まれます。

3　医療的ケアのための看護師配置

　文部科学省では、日常的に医療的ケアを行う必要のある子どもがいる幼稚園、小中高等学校等に看護師を派遣したり巡回させて、医療的ケアを実施し、教職員への指導助言を行うことを、教育委員会や学校法人に委託するようになってきています。保育所にも看護師の加配の補助や派遣看護師の配置を行っている自治体も少しずつ増加しています。

　ここで、ある保育所の医療的ケア児の実例についてみていきましょう。

事例 1　チューブがずれた！

　4歳児クラスのハルキくんが、経管栄養のチューブを固定しているほお

とのすき間に自分の指を入れて、5cmほどチューブが抜けてしまっていました。すぐに看護師を呼び、チューブの位置を修正し、注射器で空気を入れたときの気泡音を腹部で確認してもらい、チューブの固定をし直しました。今回はすぐに気がつきましたが、「抜けていることに気づかずに流動食を注入すると、誤嚥の原因になるので気をつけましょう」と看護師に言われました。動きのある子どもは、ささいな動作や、うっかり何かに引っかけたりしてチューブが抜けてしまうことがありますので、流動食を入れる前には、チューブの位置が正しいか確認することが必要です。

事例 2　**顔色が悪いけどどうしたのかしら？**

　早産で生まれたミキちゃん（0歳）は、酸素投与が必要で、鼻のところに酸素が出るカニューレをつけています。なんとなく元気がないので顔色を見ると、いつもより青白く、酸素が足りていないのかなと思い、**サチュレーションモニター**をつけてみると、数値が90を切っていました。カニューレはきちんと鼻につけてあるので、その先のチューブを調べたところ、途中のつなぎ目が外れていることがわかりました。

　酸素投与しているときには、チューブが外れたり、何かでチューブを押さえてしまったり、酸素ボンベが空になったりと、うっかりして酸素が供給されていないことがあります。顔色がおかしいと思ったら、モニターで確認する必要があります。また、酸素が出ているカニューレ付近に火の気があると引火する危険性がありますので、たばこや花火、ロウソクの火などを近づけないように注意します。

　医療的ケア児の場合は、うっかりすることで、体調が悪くなることがあります。気になることがあったときには、看護師に連絡するとともに、ふだんから**ヒヤリハット**の事例について研修しておくことが大切です。

ワーク

　次の課題に沿って、実際に医療的ケア児を受け入れる場合の体制について小グループで考えてみましょう。
①たんの吸引が必要な子どもに対し、どんなときにたんの吸引を行えばよいでしょうか。
②酸素投与が必要な子どもが日常の活動を行う際の注意点を考えてみましょう。
③インクルーシブ保育で医療的ケア児がいるときに、一緒に生活している子どもたちにどのように伝えていくかを考えてみましょう。

用語　**サチュレーションモニター**
パルスオキシメーターと同じもので、動脈の酸素飽和度を皮膚につけて測る測定器のこと。
　　　ヒヤリハット
重大事故や怪我に至らなかったもののヒヤリとしたりハッとしたりした事例のこと。

障害に関する法律・制度の理解

合理的配慮という視点で、何をすべきか、何ができないのか考える必要がある。

1 幼児期・児童期の専門機関の体制・支援内容が変化してきている。
2 保健システムとどのようにつながっていくかが課題である。
3 「合理的配慮」という新しい視点を理解していく必要がある。

1 | 障害に関連する法律

　ここでは、障害に関連する法律をいくつか紹介します。ポイントは4点あります。第一は、新しい福祉サービスです。「児童福祉法」の改正により、障害児福祉は新しいサービス体系となりました。第二は、障害者手帳についてです。障害者手帳の交付を受けることによって得られるサービスがあります。第三は、**発達障害**（→巻末133頁参照）のある子どもの支援です。発達障害の早期発見や支援のシステムが整いつつあります。第四は、特別支援教育です。特に小学校での特別支援への移行を考える必要があります。

1 新しい児童福祉施設のサービス体系（「児童福祉法」）

　「児童福祉法」は1948年に施行された児童の福祉を増進することを目的とした法律です。近年では毎年のように改正が行われています。そのなかでも2016年の改正では、子どもが権利の主体であることがはじめて明記され、「児童の権利に関する条約」の考え方が反映されました。

　障害に関連した部分では、2012年の改正によって、障害のある子ども

表 4-1　障害のある子どもが利用可能なサービスの支援体系

給付	サービス名称	サービス内容
障害児支援	児童発達支援	日常生活における基本的な動作の指導、知識技能の付与、集団生活への適応訓練などの支援を行う
	医療型児童発達支援	日常生活における基本的な動作の指導、知識技能の付与、集団生活への適応訓練などの支援及び治療を行う
	放課後等デイサービス	授業の終了後又は休校日に、児童発達支援センター等の施設に通わせ、生活能力向上のための必要な訓練、社会との交流促進などの支援を行う
	居宅訪問型児童発達支援	重度の障害等により外出が著しく困難な障害児の居宅を訪問して発達支援を行う
	保育所等訪問支援	保育所、乳児院・児童養護施設等を訪問し、障害児に対して、障害児以外の児童との集団生活への適応のための専門的な支援などを行う
	福祉型障害児入所施設	施設に入所している障害児に対して、保護、日常生活の指導及び知識技能の付与を行う
	医療型障害児入所施設	施設に入所又は指定医療機関に入院している障害児に対して、保護、日常生活の指導及び知識技能の付与並びに治療を行う
相談支援	計画相談支援	【サービス利用支援】 ・サービス申請に係る支給決定前にサービス等利用計画案を作成 ・支給決定後、事業者等と連絡調整等を行い、サービス等利用計画を作成 【継続利用支援】 ・サービス等の利用状況等の検証（モニタリング） ・事業所等と連絡調整、必要に応じて新たな支給決定等に係る申請の勧奨
	障害児相談支援	【障害児利用援助】 ・障害児通所支援の申請に係る給付決定の前に利用計画案を作成 ・給付決定後、事業者等と連絡調整等を行うとともに利用計画を作成 【継続障害児支援利用援助】

出典：厚生労働省ホームページ「障害児支援施策の概要」をもとに作成

が利用する施設体系が利用形態ごとに一元化されたことが最も大きな変化です。それまでは、障害種別によって施設が分けられていたのですが、利用形態によって分けられることで、障害種別にかかわらず、サービスを受けることができるようになりました。表 4-1 には、障害のある子どもが受けることができるサービスの一覧を示しました。

　これらのなかでも児童発達支援は、近年多くの子どもが利用するようになっており、児童発達支援センター・児童発達支援事業所を利用しながらの並行通園などもみられるようになってきています。また、保育所等訪問支援サービスは、保育所・幼稚園・認定こども園など子どもが在籍している施設に、発達支援の専門職が訪問するものです。児童発達支援と異なり、子どもが在籍している施設の集団のなかで子どもを見ることができるため、より子どもの生活に密着した支援を行うことができます。特に、保育者と子どものアセスメント、支援方法を共有することができるメリットがあります。

　保育所等訪問支援は、基本的に保護者が利用申し込みをするサービスで

す。一方で、この制度と似ているものとして、各自治体が行っている巡回相談支援（自治体によって呼称が異なる）があります。これは、児童発達支援センターや医療機関といった発達支援の専門職がいる機関から、巡回支援専門員が派遣されるものです。この制度は、国としては2011年から始まりましたが、自治体では国とは別に事業化していきました。そのため、自治体によって開始時期、巡回の頻度等に差があります。専門員は、巡回先である保育所等で子どもの見立てを行い、保育者とのカンファレンスをとおして、子どもや保護者の支援の方向性について話し合います。このような見立てから支援までを行っていくコンサルテーションが、近年広がりをみせています。

　また、2018年4月からは、居宅訪問型児童発達支援が始まりました。これは、通園が困難な、重度の障害のある子どもの居宅で、児童発達支援のサービスを受けられるものです。このサービスに代表されるように、これまで十分な支援を受けることができなかった医療的ケア児（→レッスン3を参照）のような重度の障害のある子どもへの支援が拡大しています。

2　障害者手帳制度（「身体障害者福祉法」「知的障害者福祉法」「精神保健福祉法」）

　「身体障害者福祉法」「知的障害者福祉法」「精神保健福祉法」では、それぞれの障害における支援制度、手当などを規定しています。これらの法律で規定されている障害者手帳の交付は最も身近なものでしょう（ただし、療育手帳については、「知的障害者福祉法」で規定されていません）。身体障害の場合は「身体障害者手帳」、知的障害の場合は「療育手帳」、精神障害の場合は「精神障害者保健福祉手帳」が交付されます。障害者手帳は、取得することによって、障害があることを行政機関によって認められることとなります。これによって、さまざまな支援を受けることができます。たとえば、①税金の軽減、②交通機関の運賃割引や公共料金の減免、③就労支援や障害者枠での雇用などです。

　これ以外にもさまざまな支援があり、自治体によっても内容が異なります。基本的には、区市町村の障害者関係の窓口で申請を行います。また、程度は医師の診断、知能検査、日常生活動作の状態などによって総合的に判断されます。以上のように、障害者手帳をもっていることで受けられるサービスは多くありますが、近年は障害者手帳をもっていなくても多くの福祉サービスが受けられるようになってきています（たとえば、児童発達支援など）。

　発達障害の場合、取得できる手帳は主として「精神障害者保健福祉手帳」です。日本における福祉は、近年まで身体障害・知的障害・精神障害という障害種別による枠組みで行われていましたが、2000年代になり、これらの3つに当てはまらない発達障害への支援が課題となりました。当初は手帳の交付がされないこともありましたが、近年ではほぼ取得できるようになっています。

3 発達障害のある子どもの支援（「発達障害者支援法」）

「発達障害者支援法」は2005年に施行された法律です。この法律は、自閉症、注意欠陥多動性障害、学習障害（診断名は法律文のママとする）といったいわゆる発達障害を定義しています。これまで制度の谷間で支援が受けられなかった発達障害のある子ども・大人への支援が規定されたという意義があります。

この法律では、発達障害のある子どもの早期発見や、切れ目のない支援が行われること、適切な家族支援、個別性に配慮した教育などについて述べられています。また、全国の都道府県・政令指定都市に設置されている**発達障害者支援センター**の業務内容なども規定しています。具体的には、以下の 4 点です。①発達障害のある子ども・大人やその家族に対して専門的な相談・助言を行うこと、②発達障害者に対して就労支援を行うこと、③医療・保健・福祉・教育労働機関に対して発達障害に関する情報提供や研修を行うこと、④関係する機関と連携して支援を行うこと、です。

4 特別支援教育（「学校教育法」「学校教育法施行令」「学校教育法施行規則」）

「学校教育法」「学校教育法施行令」「学校教育法施行規則」では、特別支援教育の制度が規定されています。2006年に「学校教育法」が改正され、それまでの特殊教育にかわって特別支援教育がスタートしました。「特別支援教育の推進について（通知）」（文部科学省初等中等教育局長、2007年）で述べられている理念をまとめると、以下のとおりです。

> ①自立や社会参加に向けた主体的な取り組みを支援する
> ②一人一人の教育的ニーズに対応する
> ③特別な支援を必要とするすべての子どもが対象
> ④共生社会の形成

この転換によって、特別支援学校は障害種別に対応させずに設置されること、特別支援学校がその地域のさまざまな相談に対応するセンター的機能をもつことといった変化が生じました。また、特別な支援を「必要とする」すべての子どもが対象であるので、必ずしも障害があるという診断は必要とされません。後述する「合理的配慮」という考え方に代表されるように、診断の有無にかかわらず、すべての子どもが必要な支援を受けることができるという考え方が主流となりつつあります。

また近年では、通級による指導を受ける児童・生徒が増加しており、特に発達障害のある子どもに対する支援が大きく変化しつつあります。図

用語　発達障害者支援センター
発達障害のある子ども・大人に対する専門的な支援を行う機関である。設置主体は、行政・社会福祉法人・NPO法人などさまざまである。地域の多様な機関と連携しながら、当事者や家族への指導・助言を行っている。

レッスン **4** 障害に関する法律・制度の理解

図4-1　通級による指導を受けている児童・生徒数（公立小・中学校別）

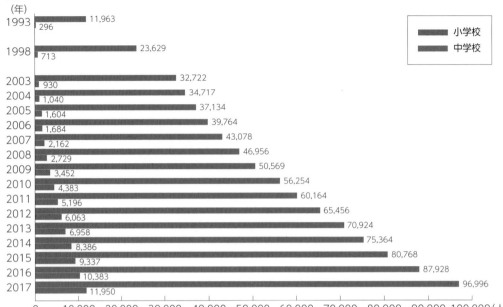

出典：文部科学省「平成29年度 通級による指導実施状況調査結果について」2018年をもとに作成

4-1には、**通級指導教室**で指導を受けている児童・生徒数を示しました。通級指導教室では、視覚・聴覚障害、言語障害、肢体不自由、病弱・身体虚弱、情緒障害に加えて発達障害が対象に含まれます。2003年度以降の増加は、その多くが発達障害のある子どもの利用の増加によるものです。幼児期に児童発達支援サービスを受ける子どもが多くなったこともあり、入学と同時に通級による指導を受けるケースも多くなっています。

2 ｜ 妊娠期から乳幼児期の保健システム

1 妊娠期

　日本の保健システムの特徴は、妊娠期から乳幼児期に至るまで、各時期に公的な機関とつながる機会があることです。その中心的な役割を担うのは、保健師です。多くの自治体では、地区ごとに担当の保健師が決められています。そのため、障害のみならず、児童虐待や子育て不安などのケースについても、保健師との連携が重要となることがあります。

　妊娠期には妊婦健診があります。厚生労働省では、妊娠期に14回の健

 通級指導教室
「学校教育法施行規則」によって規定された特別の教育課程による指導のことである。通常学級に在籍する子どもが週に数時間程度、通級指導教室に通い、当該の児童・生徒に必要な指導を行うもの。

診を標準として受診を推奨しています。妊婦健診は医療機関で行うことが多いため、そのなかで障害が発見されることがあります。妊娠初期であれば、出生前診断によって**ダウン症**（21トリソミー→巻末133頁参照）、**13トリソミー、18トリソミー**、その他の染色体に関連する疾患が明らかになることがあります。妊婦を含めた家族は、短い時間のなかで重大な判断をせざるをえない状況に置かれます。医療機関であれば、**遺伝カウンセラー**が妊婦やその家族へのカウンセリングを行う役割を担います。妊娠中期から後期では、妊娠高血圧症候群による後遺症、出生時の低酸素状態による脳性まひなどが起こりえます。いずれも、医療機関でのフォローが必要な障害です。

2 新生児期

　新生児期には、ほぼすべての出生児が先天性代謝異常等の検査（新生児マススクリーニング検査）を受けています。この検査では、**フェニルケトン尿症**や**メープルシロップ尿症**等の疾患を発見することができます。早期に発見されることで、知的障害など、発達の遅滞を防ぐことができます。この検査は無料で受けられる制度として確立しています。

　また、新生児聴覚スクリーニング検査も多くの新生児が受けています。これは、**聴性脳幹反応（ABR）**を利用した聴力検査です。新生児期に聴覚障害がわかることで適切な対応が行われれば、コミュニケーションや言語の障害を改善することが可能です。この検査は有料ですが、自治体から助成を受けることができます。

3 乳幼児期

　乳幼児期の保健システムのなかで障害と大きく関連するのは、乳幼児健康診査です。乳幼児健康診査は、「母子保健法」に根拠づけられており、

 13トリソミー、18トリソミー
13番染色体、18番染色体の本数が1本多い染色体異常が、それぞれ13トリソミー、18トリソミーである。症状はそれぞれ異なるが、多くの場合発達の遅滞をともなっている。

遺伝カウンセラー
遺伝子が関係する疾患について、対象となる人に医療や福祉に関する情報を説明し、相談支援を行うカウンセラーのこと。医療の知識のみならず、心理・社会的な支援のスキルといった高度の専門性を必要とする。認定遺伝カウンセラーとよばれる学会資格がある。

フェニルケトン尿症
食物に含まれるフェニルアラニンを処理する酵素が少ないことで、フェニルアラニンが体内に蓄積する疾患。蓄積が続くと知的障害を発症するが、ケトン食とよばれる除去食を摂取することで、知的障害の発症を抑制することができる。

メープルシロップ尿症
先天性代謝異常の一つである。特定のアミノ酸の代謝に異常が生じることで、哺乳力の低下、嘔吐などの身体症状がみられ、重篤な発達の遅れが現れる。フェニルケトン尿症と同じく、特殊ミルクや食事療法が必要となる。

聴性脳幹反応（ABR）
ある音を聞かせて、脳幹から出てくる脳波を観察することで、聞こえているかどうかがわかる検査のこと。音が聞こえているかどうかが判別できない新生児などに対して行われる聴力検査。

1歳6か月児健康診査（1歳6か月～2歳）と3歳児健康診査（3～4歳）は、すべての自治体で行われています。これら以外の健診の実施は、各自治体に任されています。障害が見つかるのは、生後すぐを除くと、法定健診である1歳6か月児健康診査と3歳児健康診査であることが多いのです。近年では、3歳児健康診査後は就学前まで健診がないことから、5歳児健康診査を導入することで、発達に課題のある子どもを支援する機会を設ける自治体も出ています。

乳幼児健康診査の目的は、子どもの心身の健康と保護者の心理的な健康を守ることです。発達に課題のある子どもの場合、健診のなかで相談が行われます。その役割を担うのは心理士であり、近年ではほとんどの健診に専門的な相談ができる心理士がいます。1回の相談で終わる場合もありますが、専門的な支援が必要な場合は、児童発達支援センターや子ども家庭支援センター、児童相談所などの機関につなぐ役割を担っています。

3 障害のある子どもの保育をめぐる近年の法制度の変化

2016年に「障害を理由とする差別の解消の推進に関する法律」（障害者差別解消法）が施行されました。この法律では、障害に関する不当な差別的取り扱いの禁止、相談体制の整備、啓発活動の実施などの義務について明記されています。この法律で特に注目すべきは、「合理的配慮の提供」です。合理的配慮とは、社会的障壁を取り除くために、過重な負担でない限り、サービス提供者がその障壁を取り除く配慮をしなくてはならないことです。つまり、障害があるということだけで支援をしないことを決めたりするのではなく、合理的な範疇でどのような支援ができるかを、サービス提供者は利用者と話し合っていく必要があることを示しています。保育現場において、社会的障壁とは何か、過重な負担の範囲はどの程度かについて議論していく必要があります。

ワーク

次の2つの課題を小グループに分かれて話し合ってみましょう。
①多くの自治体では、5歳児（年長児）の年度に入ると就学相談が行われます。発達障害があり、通常学級に在籍して通級での指導を受けるかどうか迷っている保護者がいたとします。小学校の特別支援教育についてどのように説明できるか考えてみましょう。
②脳性まひがある5歳の肢体不自由児が入園しました。ふだんは車いすで生活しています。園ではどのような合理的配慮が必要となるでしょうか。また、園にとって過重な負担になる例を考えてみましょう。

第 2 章

子どもの理解と発達の援助

　障害のある子どもに対して、保育所では、①その子どもにとって過ごしやすくわかりやすい環境設定、②その子どもにとってわかりやすく使いやすいコミュニケーションと関わり方を保障しながら、その子どもが安心して主体的に活動すること、まわりの子どもたちや保育者とも育ち合うことをサポートします。子どもを「障害」の側面からみるのではなく、常に目の前の子どもから、その子どもの思い、その子どもの生きている世界を学ぶ姿勢が求められます。そして、一人ひとりの違いも含めて大切にされるクラスづくりをしていきたいものです。

5 障害のある子どもの特徴（1）
感覚と運動

その子の感覚の特性や運動の困難さを理解することで、適切な援助ができる。

ポイント

1. 発達障害のある子どもには、感覚過敏や鈍麻がある。
2. 「問題行動」の背景には、感覚の特性があることがある。
3. 運動障害のある子どもも保育のなかで育つ。

1 | 発達障害のある子どもの感覚の特性とその対応

　子どもの感覚の特性は、最もみえにくいものの一つです。多動や対人関係の困難、パニックを起こすなどの子どもの行動の背景に、実はその子どものもつ感覚の特性が関わっていることがあります。なお、ここで取り上げる特性は、**発達障害**（→巻末133頁参照）のある子どもに多くみられるものですが、すべての特性がすべての発達障害のある子どもにみられるわけではないこと、また、診断がなくても似た特徴をもつ子どもにもみられることがあることを最初に述べておきます。

1 身体の感覚を感じにくい

　私たちには、視覚・聴覚・触覚・味覚・嗅覚という、いわゆる五感のほかにも、身体の位置やサイズ、力の入れ具合、動いているスピードと動き方などを感じる固有受容覚や、重力の方向を感じる前庭覚が備わっています。もともとこうした感覚は人によって感じ方が異なるのですが、発達障害のある子どもは、特に異なり方が大きいのです。

発達障害のある子どもに目立つのは、固有受容覚や前庭覚が人より感じにくい（鈍麻）傾向です。固有受容覚が鈍麻していると、自分が今どのように動いたり、力を入れたりしているのかをモニタリングする力が圧倒的に弱く、動きや力のコントロールができません。また、そのことにより、ボディイメージが育ちにくいため、人やものにぶつかりがちになります。固有受容覚が鈍麻している子どもは、痛覚も鈍麻していることが多く、危険認知が悪かったり、人の痛みがわからなかったりもします。

前庭覚が鈍麻している子どもで最も目立つのが、姿勢の崩れです。また、転んでも自分の身体が斜めになっていることに気づきにくいため、手を出して支えるなどの防御の体制が取れずに、顔から地面に落ちてしまったりします。

レッスン
5

障害のある子どもの特徴（1）　感覚と運動

> **事例 1**　**姿勢が崩れるともちゃん**
>
> 3 歳児クラスのともちゃんは、姿勢よく座っていられません。そもそもいすの座面にきちんとお尻が乗っていないことにも気づきにくく、バランスを崩してひっくり返ってしまいます。

ともちゃんは、筆者が以前に担当していた子どもです。彼女は自分だけではなく、もののバランスもよくわからないため、よくものを落としていました。

> **事例 2**　**「乱暴者」といわれていたかつきくん**
>
> 5 歳児クラスのかつきくんは、まわりの子どもの頭をよく叩くため、「乱暴者」といわれていました。あるとき、保育者が彼の言い分をよくよく聞いていくと、彼は人の頭を叩いたら相手が痛いのだということを認識していないようでした。

かつきくんは、痛覚が鈍麻していた子どもでした。自分が痛く感じないのなら、ほかの子どもも痛いと感じないと判断するのは当然のことです。そのことに気づけないと、いくら注意してもかつきくんの理解にはつながらないでしょう。

> **ワーク1**
>
> あなたが事例 1 のともちゃん、事例 2 のかつきくんの担任保育者なら、どのような対応を考えますか。

2　感覚の過敏性

発達障害のある子どもには、上記のような感覚の鈍麻だけではなく、感覚の過敏性がある子どももいます。特に多いのは、触覚の過敏と聴覚の過敏です。

触覚過敏のある子どもは、着る服や靴にこだわったり、帽子をかぶることを嫌がったり、人との手つなぎや歯磨きの介助を拒否したり、粘土遊びのような感触遊びを忌避したりします。反対にそうした感触を非常に求めて、泥のなかから出ようとしない子どももいますので、触覚の個人差というものは大きいのです。触覚過敏のある子どもは、同時に味覚や嗅覚も過敏なことが多く、それらが強い偏食の原因ともなります。

　聴覚過敏のある子どもは、ある一定の音を嫌がったり、行事のような常に大きな音がしているところを拒否したりします。

　どちらの過敏さも、本人が努力したからよくなるというものではなく、また毎日無理にでも慣れさせればよいというものでもありません。むしろ、感覚の過敏性は本人のもつ不安によって左右されるといわれます。つまり、不安が強いほど過敏性も強くなるのです。

> **事例 3**　　**登園を拒否するようになったたかしくん**
>
> 　5 歳児クラスに転入したたかしくんは、とにかくいろいろなことに対して拒否が多い子どもです。夏になって、プールが始まってもシャワーが嫌だと言って入りません。そうした彼の行動が、転入前の園の方針や保護者の過保護にあると考えた保育者は、とにかく一度無理にでもシャワーをかけてプールに入れてみました。暴れて嫌がったたかしくんは、翌日から園に行くことを拒否するようになりました。

　触覚過敏のある子どものなかには、雨やシャワーが「痛い」と感じる子どももいるようです。触覚が過敏なせいで最も苦労しているのは本人であるという認識のもとで、どうしたらそうした子どもの不安を取り除けるかを検討したいものです。

３　感覚過敏のある子どもへの対応

　人間は感覚を使って外界をとらえるものですから、感覚のありようは実はその人のものの感じ方や理解のしかた、ひいては生き方と直結するところがあります。その大切な感覚が、ほかの人と違ったり、使いにくかったりすることは、その子どもにとって非常に大きな「生きづらさ」の根源となることを認識しておきたいものです。そのうえ、ほかの人と違うことをまわりが認めなかったり、「同じになること」を強いられたりしたら、子どもの自我の育ちはどれだけ脅かされるでしょうか。乳幼児期には、自分が嫌なことは嫌と言ってよいこと、不安なときは SOS を出してよいこと、そして、自分は自分でよいことを身体でもって感じさせてあげたい時期です。大人はそのことを忘れないでいたいと思います。

2 ｜ 運動に困難さのある子どもたち

　ひとことに「運動に困難さがある」といっても、その内容は多岐にわたります。「運動に困難をもたらす疾病」にはいろいろなものがあり、配慮のしかたもさまざまだからです。ここでは、保育所で多くみられる運動の困難として、①発達障害のある子どもにみられる協調運動や協応の問題、②ダウン症の子どもに代表される身体がやわらかいための運動発達の遅れ、③脳性まひに代表される、まひのある子どもの運動困難、に分けて解説していきます。

1 発達障害のある子どもにみられる協調運動や協応の問題

　発達障害のある子どもの身体の感覚の鈍麻については前述しましたが、彼らはそうした感覚の使えなさ、使いにくさを背景に、運動にも困難さをもつことが多いのです。パワーはある子どもが多いため、走ったり登ったりすることはできますが、ダンスや体操、または複雑な遊具にチャレンジするなど、上肢と下肢を協調させながら動いたり、動き方をイメージしながら動いたり、力や動き方をコントロールしたりすることが困難です。また、視覚と運動の協応や聴覚と運動の協応など、感覚と運動の協応が未熟な子どもは、手元を見ながら操作したり、音を聞きながら合わせて動いたりすることが苦手です。なかには、協調運動が苦手なため、手と足の動きがバラバラな子どももいます。

> **事例4**　ダンスになると逃げていくこうたくん
>
> 　4歳児のこうたくんは、動くことが大好きでいつも走り回ったり、高いところに上って飛び降りたり、激しい動きをしています。ところが、みんなでダンスをする活動になると、いつも部屋を飛び出して行ってしまいます。保育者はてっきりダンスが嫌いなのかと思っていたのですが、あるときこうたくんの母親から、家庭でのこうたくんは、大きな鏡に自分の姿を映しながら一生懸命ダンスの練習をしていると聞き、保育者は心から驚いてしまいました。

　こうたくんは、自分が上手にダンスができないことをよく知っているのでしょう。このように、がんばってもできない経験を積み重ねていると、できないことを避けたり、逃げたりする態度が身についてしまいます。筆者の知っているある子どもは、まだ3歳前でしたが、すでに自分ができないことをよくわかっていて、体操の時間になっても、頑としていすから立とうとしなかったのを憶えています。ダンスや体操は、動きが複雑なだけではなく、皆に合わせること（視覚と運動の協応）や、音楽に合わせること（聴覚と運動の協応）が求められますので、より困難さが大きくな

ります。こうした協応やコントロールの未熟さは、粗大運動だけではなく、「絵を描く」「はさみで切る」などの微細運動にも影響を与えます。

ワーク2

あなたが事例4のこうたくんの担任保育者なら、彼と一緒にダンスをしたり、彼にダンスを教えたりするために、どのような配慮をしますか。家庭との連携も視野に入れながら考えてみましょう。

2 ダウン症の子どもに代表される身体がやわらかいための運動発達の遅れ

ダウン症（→巻末133頁参照）の子どもは、一般的に運動発達が遅れますが、それは主に身体が非常にやわらかいためです。彼らはそのために、立ったり歩いたりするなどの重力に抗するような運動発達が顕著に遅れ、パワーも弱いことが多いのですが、よく知られているように、ダンスなどは得意です。つまり、発達障害のある子どもとは対照的に、音楽に合わせて動いたり、モデルを見ながらまねをしたりすることは一般的に得意なのです。

ダウン症のような顕著な身体のやわらかさは、ほかの症候群の子どもや、ある種の知的障害をもつ子どもにもみられることがあります。

事例5　疲れやすいみくちゃん

3歳児のみくちゃんはダウン症です。歩き始めは2歳過ぎで、身体も小さいため、散歩のときなどは、バギーを使っています。ダンスなど、身体を動かすことは好きなみくちゃんですが、園庭で身体を使って遊んだあとはかなり疲れるようで、部屋の中でごろごろしてしまいます。家庭ではあまりみくちゃんに歩かせることはなく、どこに行くにもバギーか車です。保育者は、そうした生活がみくちゃんの体力のなさを助長しているように思っています。

事例5では、みくちゃんの体力のなさを、家庭での生活のしかたからの影響もあると保育者は考えていますが、身体がやわらかいということは、それだけ身体を支える力がないということですので、本来的に疲れやすいのです。成人になって、立ち仕事が困難で苦労する人たちもいます。だからこそ体力をつけさせたいという考え方もありますが、本人の負担感との折り合いをどのように考えるのか、家庭や専門機関と連携をとりながら、長期的な見通しで考えていきたいものです。

3 脳性まひに代表されるまひのある子どもの運動困難

脳性まひは、母親の胎内にいるときから新生児期までの発達のごく初期の段階で、脳に何らかの損傷が加わったことで起きる姿勢運動障害のこと

をいいます。脳のどの部分で、どのくらいの範囲で損傷が起こったかによって、状態像は大きく異なります。緊張が強く、動かすこと自体が困難な状態から、不随意運動といって、意図しない動きを自分でコントロールすることが難しい状態までさまざまです。また、まひの出る部位も、下半身だけに出る、身体の右側か左側かといった片方の側に出る、上肢にも下肢にも出るなどいろいろで、その重症度もさまざまですので、生後まもなく診断される場合もあれば、歩き始めてから、または歩き始めが遅いために気づかれる場合もあります。いずれにしても、正しい姿勢や身体の動かし方、緊張のコントロールなどを学習するための機能訓練や、医療的なケアが必要となるため、医療機関や専門機関との連携が重要になります。

　また、まひのある子どもは、姿勢や運動の状態をカバーしたり、変形を予防したりするために、自助具や補装具（図5-1～5-3）を作成して使うこともあります。何のためにどのような自助具、補装具を作成するのか、またそれをどのような場合にどの程度使うのか、そうしたことも医療機関・専門機関と連携・調整していく必要があります。

　保育のなかでの配慮は、そうした連携を土台にしつつ、子どもの安全を確保し、子どもが動きたい気持ち、自分でやりたい気持ちを大切にしながら、活動に参加できる体制をどのようにつくっていくのかを検討することから始まります。

図5-1　自助具のスプーン・フォーク

子どもの手の動かし方の困難さに合わせて、握りを太くしたり、食べやすいように柄を曲げたりしたスプーン・フォーク

図5-2　短下肢装具

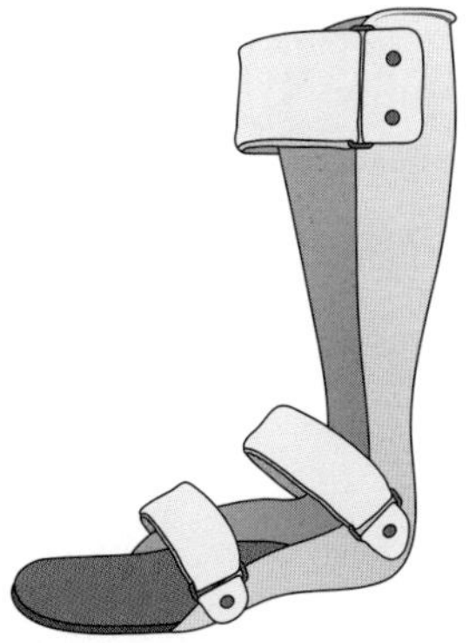

子どもの立った姿勢の安定性を高めたり、脚の動きをサポートしたりするもの

図 5-3　座位保持装置

通常のいすでは座位を維
持できない子どものため
に、座った姿勢をサポート
するもの

出典：市川奈緒子・岡本仁美編著『発達が気になる子どもの療育・発達支援入門——目の前の子どもから
　　　学べる専門家を目指して』金子書房、2018年、58頁をもとに作成

事例6　ドッジボールをやりたかったゆうやくん

　ゆうやくんは脳性まひがあり、手先も動かしにくいところがありますが、特にまひが重度なのは下肢で、自力では歩けません。ふだんは**歩行器**という装置を使って、足先で地面を蹴りながら前に進みます。4歳児クラスまでは、地域の児童発達支援事業所に通っており、5歳児クラスの現在も、週に2日は事業所に通っています。知的には遅れはなく、友だちとの会話が大好きな子どもです。5歳児クラスに上がるときに、保護者が「小学校に入ったら近所の子どもたちとは離れ離れになってしまうだろうから、1年間でもいいので保育所で過ごさせたい」と希望を出して保育所に入所してきました。園では加配の保育者を配置し、自由遊びの時間は、基本的にはその保育者とゆうやくんと2人で遊んでいました。

　筆者が見に行ったときのことです。園庭で、歩行器に乗ったゆうやくんと加配の保育者は、ボールのやりとりをして遊んでいました。ゆうやくんの担当の保育者は、とてもていねいにゆうやくんと遊んでいましたが、ゆうやくんは、実は園庭でクラスのほかの子どもがやっているドッジボールに入りたいようで、チラチラそちらのほうを見ていました。そこで筆者は加配の保育者に、ゆうやくんとともにドッジボールに参加することを提案してみました。加配の保育者は少し驚いたようでしたが、すぐにゆうやくんに意思確認をして、彼からドッジボールをやっている子どもたちに、参加したい旨を伝えられるように図りました。まわりの子どもたちは自然な様子で受け入れ、すぐに「いいよ」と言って、彼にもボールを渡してくれました。

　歩行器
　まひなど運動障害のある子どものために歩行を助ける器具。前から支えるタイプと後ろ
　から支えるタイプがある。

　ゆうやくんはとても楽しそうにドッジボールに参加していましたが、ほかの子どもたちは、遠慮してか、ゆうやくんにボールを当てることはなく、ほかの子どもが投げるときにも、ゆうやくんにボールを渡します。そこにはやはり少しとまどいの色がみえました。その後、このドッジボールが継続されたのかどうか、筆者は残念ながら聞いていません。

　ほかの子どもと運動発達や運動の状態が異なる子どもがいる場合に、安全を確保しながら、その子どもの参加したい気持ちをどのように保障していくのか、ほかの子どもたちの活動や気持ちはどうなのか、全体の活動をどのようにすべきか、保育者は悩みます。事例6も、筆者はゆうやくんにドッジボールに参加させてあげたい、と思いましたが、そのやり方が唯一正しいものだったとは考えていません。ただ、「運動に障害や遅れのある子どもだから」と、当たり前のようにほかの子どもたちと活動が分断されたり、加配の保育者とのみ遊んだりするような状態は、園の状態として不自然であるばかりではなく、最も大切な子ども同士の育ち合いが乏しくなってしまう点で、非常に残念であると思います。運動発達の遅れや障害は、障害のなかでも最も子どもの目にもわかりやすく、できないことが見えやすいものです。子どもたち自身がそのことをどのように考え、クラスの活動や仲間づくりをどのように行っていくのか、それが子どもたち自身の大切な学びでもあるということを、保育者は認識しておきたいものです。

ワーク3

　あなたが事例5のみくちゃんのいるクラスの担任保育者だとしたら、運動会における活動をどのように考え、組み立てていきますか。以下のような点を中心に考えてみましょう。また、考えをグループで共有してみましょう。
①本人の意思と体力
②まわりの子どもたちの気持ち
③保護者の意向
④園全体の志向性と保育者同士の連携

6 障害のある子どもの特徴（2）認知・コミュニケーション

聴覚過敏がある子どもには、イヤーマフを提供するなどの支援が必要。

ポイント

1 平均からの遅れではなく、個人の特性や発達の連続性から子どもをとらえる。
2 障害特性によって、認知発達やコミュニケーション発達の特性が変化する。
3 アセスメントは、検査結果に加えて複数の場面での状態を加味する。

1 | 非定型発達というとらえ方

　「標準的」な発達過程のことを定型発達（typical development）といいます。それに対して、「標準的」ではない発達のことを非定型発達（atypical development）といいます。「標準的」であるかどうかは、あくまで便宜的な線によって区別されるものです。その線の一つが医学的な診断基準になります。DSM-5 では、それぞれの診断基準に当てはまっているかどうか、また、いくつ当てはまっているかなどによって診断が行われます。特に、染色体の異常など、原因が明確な障害ではなく、生じている行動によって評価されるような障害の場合（たとえば、注意欠如／多動症［AD/HD]）には、当てはまるかどうかを判断する際に個人差が生じる可能性が高くなります。このように「標準的」であるかどうかを区別する線は、明確な線ではないということが重要です。保育者は、診断名をもつ子どもを見る視点として定型発達という「標準的」な発達過程を念頭におきながらも、それぞれの子どもの発達特性をとらえていく必要があります。

事例　待ち遠しいことば

　たけしくんは、3 歳の男の子です。お母さんは、1 歳頃から何かほかの子どもと違うという印象をもっていました。1 歳 6 か月児健康診査では、意味のあることばを話していないこと、指差しがないこと、視線が合いづらいこと、多動であることなどを、保健師や心理士と話しました。心理士のすすめもあって、児童相談所での相談後、病院に行き自閉症と診断されました。心理士からは、「まずは子どもの好きなことにこちらが合わせていくような関わりがよいですよ。ことばを出させるような関わりはやめましょう」とアドバイスされました。お母さんは何とかことばを出させたいと思って、絵カードをたけしくんに見せて「リンゴだよ、リンゴ」といった関わりをしていました。しかし最近では、絵カードを見るとたけしくんが逃げるようになってしまったのです。

　3 歳になった頃、たけしくんはまだ、「ママ」のように意味のあることばを話すことはありませんでした。しかし、あるとき、たけしくんのお母さんから心理士に電話で、「はじめてことばをしゃべりました！　『こまち』（新幹線の名前）と言ってくれたんです」という、うれしい報告がありました。お母さんは、毎日のように電車好きのたけしくんを連れて、近くの新幹線の駅に通っていたのです。たけしくんは、お母さんを見て、いかにも伝えたいというように「こまち」と言ったそうです。

　このたけしくんのように、非定型発達の子どものなかには独特な発達過程をたどる子どもがいます。定型発達の子どもであれば、喃語に続いて「ママ」「マンマ」などの有意味語が出てきます。そして、2 歳頃には二語文へとつながっていきます。たけしくんの場合、この定型発達の過程とは明らかに異なる過程をたどって成長していました。では、このようなたけしくんの発達過程は、「発達の遅れ」といえるのでしょうか。

　非定型発達の子どもの認知発達や、コミュニケーション発達を含む発達過程をとらえる際には、以下の 3 つのポイントから考える必要があります。

①発達の個人特性をとらえる

　「発達の遅れ」という言葉によって、定型発達から遅れているというとらえ方ではなく、それぞれの子どもの発達過程があるととらえる。

②個人内の発達過程

　それぞれの子どもが乳児期からどのような育ちをしてきたのかという発達の連続性から、現在の姿をとらえる。

③個人内差

　それぞれの子どもにはさまざまな能力間でばらつきがあるため、そのバランスをとらえる。

2 | 認知発達とコミュニケーション発達の障害

1 認知発達の障害

①知覚

　知覚とは、「感覚受容器を通して、外界の事象や事物および自己の状態を直接的・直感的に捉える動き」(『心理学辞典』1999年)のことです。いわゆる五感といわれるものは、すべて知覚に当てはまります。

　障害のある子どもの保育のなかで出合う知覚の障害としては、視覚障害や聴覚障害といった感覚障害が多いでしょう。視覚障害は、程度によって「盲」と「弱視」に分かれます。盲の場合は、**矯正視力**が0.05未満を指します。弱視の場合は、矯正視力が0.05以上0.3未満を指します。教育的には、弱視の場合、視覚による学習が可能であるとされており、学童期には補助機材(拡大鏡・拡大教科書など)を使用しながら視覚を中心とした学習を積んでいきます。

　聴覚障害は、程度によって「聾」と「難聴」に分かれます。聾の場合は、**聴力損失の程度**が90デシベル以上であり、補聴器を使用しても人の話す声を理解することができない状態を指します。難聴の場合は、聴力損失の程度が50デシベル以上90デシベル未満であることを指します。さらに、難聴には障害が起こっている部分によって、①伝音性難聴(外耳～中耳の障害)、②感音性難聴(内耳～神経系の障害)、③混合性難聴(伝音性難聴と感音性難聴の混合)に分類されます。難聴の種類によって、特に伝音性難聴では補聴器が効果的に使用できる場合もありますが、補聴器を使用しても聞こえにくいこともあります。

　感覚障害の子どもを理解するためには、子どもたちが世界をどのようにとらえているかを考えることが重要です。たとえば、特別支援学校(視覚障害)に通う子どもたちを見ると、教室内を自由に動き、(晴眼者の感覚では)あたかも見えているかのように友人と会話をしている光景に出会います。これは、定型発達の人よりも、聴覚を含めたほかの知覚を優位に機能させ、ものや人の位置を脳内でマッピングするという作業を行っているからです。つまり、視覚をほとんど利用していませんが、ほかの感覚によって外界をとらえるという意味では、「見えている」と考えることができます。「見えない・聞こえない」と理解するのではなく、「どのように外界を理解しているのか」という視点で考える必要があります。

　また、知覚に関連した障害としては、感覚過敏をあげることができます。

 矯正視力
　裸眼視力の対となる用語。眼鏡・コンタクトレンズ等によって視力を補正したあとに計測した視力のことであり、0.05未満は光を感じる程度である。

聴力損失の程度
　デシベルは音の大きさを表す単位である。聴力損失の程度とは、そのデシベル以上の音でないと聞き取ることができないレベルのことである。

表 6 - 1　感覚過敏の例

感覚	嫌悪する刺激の例
聴覚	乳児の泣き声、運動会のピストルの音、掃除機などの機械音、楽器の音
視覚	蛍光灯、晴天の屋外
触覚	特定の服、のり、急な人の接触
味覚	野菜などの特定の食べ物
嗅覚	香水、柔軟剤、特定の食べ物のにおい

感覚過敏は、特に**自閉スペクトラム症**（→巻末133頁参照）の子どもに多くみられます。表 6-1 には、典型的な感覚過敏の例を示しました。感覚過敏は、脳の受容の問題であると考えられますので、急に慣れさせることは困難です。感覚過敏があると、過敏にともなう感情がその刺激のある場所や人、こと（たとえば行事）と結びつくことがあります。たとえば聴覚過敏がある子どもは、運動会のような大きな音が連続するような行事は嫌いであることが多くあります。

　感覚過敏に対しては、①防御する方法を学ぶ（耳栓を使う、どこかに逃げ場所をつくるなど）、②意思を表明する（嫌だと先生に伝えるなど）、③無理に慣れさせようとしないといった視点をもつことが大切です。周囲の人が慣れさせようとする対応は、**二次障害**につながるため、慎重に判断しなくてはなりません。一方で、成長にともなって慣れるという意見もあります。自閉スペクトラム症のある東田直樹は、聴覚過敏について「どうしたら耳をふさがなくてもすむのか、僕には分かりません。僕も時々、耳をふさぐことがあります。僕の場合は、ふさいでいる手をだんだんゆるめて音に慣れていきました」と言っています（東田、2007）。

②記憶

　記憶は、一般的に長期記憶と短期記憶に分類されます。外界からの刺激は、短期記憶の貯蔵庫に入り、その一部が長期記憶の貯蔵庫に入るといったモデルが想定されています。特に、近年ではワーキングメモリ（作動記憶）に注目が集まっています。ワーキングメモリは、外界からの刺激をいったん記憶して、その情報を使用していくものであり、いわば脳内のメモ帳のようなものです。このはたらきに制限があると、たとえば、保育者から言われたことを覚えておきながら、何か行動をするといったことが難しくなります。特に、情報量（指示の内容など）が多くなると、処理することが難しくなります。したがって、指示はこまめに区切る、視覚的な補助を入れて伝えるなどの工夫が必要になります。

用語　二次障害
　障害によって直接生じる問題が一次障害である。それに対して、その問題が環境（人を含む）との相互作用によって二次的な問題を生むことを二次障害という。代表的な例として、うつ、不安症の発症などがある。

2 コミュニケーション発達の障害

①言語

言語の障害は、いくつかの面から考えることができます。第一は、理解言語の障害です。知的障害や自閉スペクトラム症の子どもなどの多くにみられます。乳幼児健診などで発語の遅れがみられる子どもの多くは、理解言語の発達の課題をもっています。第二は、表出言語の障害です。これは、理解言語とあわせてみられることが多いのです。一方で、表出言語のみの障害をもつ子どももまれにいます。第三は、音声の障害です。たとえば、音声の流暢性の問題である吃音、音声の置換・省略・ゆがみの障害である構音障害があります。構音障害の場合は、置換される音節、省略のパターンなどが定型発達の過程にあるのかどうかの判別をする必要があります。

②対人的相互反応

対人的相互反応の質的な障害としては、自閉スペクトラム症が代表的です。対人的相互反応とは、他者とのやりとりのことです。具体的には、視線を合わせたり、指差しを理解したり、他者と同じものを見るといった行動（共同注意）を指します。自閉スペクトラム症の場合、このような機能に発達の初期から課題をもちます。2歳頃にこれらの症状や**クレーン行動**など、多くの特徴が現れるといわれています。特定の大人への関心が高まると、要求行動（要求の指差し）やオウム返し（他者の言葉をそのまま繰り返すこと）が多くなってきます。これらの行動は、対人的相互反応の発達の過程としてとらえられますので、まずは他者への関心を高めるために、周りの人は受け止めていくべきものです。

3 認知発達やコミュニケーションの発達のアセスメント

乳幼児期の認知発達やコミュニケーションの発達をアセスメントできる検査には、いくつかの種類があります。代表的な検査として、①知能検査、②発達検査、③生活能力検査をあげることができます。表6-2には、それぞれの検査の検査名、対象年齢、特徴を記載しました。

これらは、何をアセスメントしたいかによって、使用される検査が異なってきます。たとえば、全般的な知能指数（IQ）を計測したいときには、WPPSI-Ⅲ・WISC-Ⅳ・田中ビネー知能検査Ⅴといった知能検査が使用されます。ただし、乳幼児期に実際に使用されている検査は、田中ビネー知能検査Ⅴであることがほとんどです。これは、WPPSI-Ⅲの使用が広がっていないこと、WISC-Ⅳの対象年齢が5歳以降であることなどが理由です。また、子どもの発達全般をアセスメントしたい際には、新版K

用語 クレーン行動
自閉スペクトラム症の子ども・大人に多くみられる行動の一つである。他者の手をつかみ、道具のようにしながら自分が欲しいものの近くに連れていく行動である。

表 6 - 2　各検査の概要

種類	検査名	対象年齢	特徴
知能検査	WPPSI-Ⅲ	3 歳 10 か月～7 歳 1 か月	全検査 IQ のほかに「言語理解指標（VCI）」「知覚推理指標（PRI）」「語い総合得点（GLC）」「処理速度指標（PSI）」を算出できる。
	WISC-Ⅳ	5 ～16 歳	全検査 IQ のほかに「言語理解」「知覚推理」「ワーキングメモリ」「処理速度」の 4 つの指標の得点が算出できる。
	田中ビネー知能検査Ⅴ	2 歳～成人	「精神年齢（MA）」「知能指数（IQ）」「偏差知能指数（DIQ）」を算出できる。
	DN-CAS	5 ～17 歳	「プランニング」「注意」「同時処理」「継次処理」の 4 つの指標の得点を算出できる。
発達検査	新版 K 式発達検査 2001	0 歳～成人	全領域と「姿勢・運動」「認知・適応」「言語・社会」の各領域の発達指数（DQ）と発達年齢（DA）が算出できる。
	遠城寺式乳幼児分析的発達検査法	0 歳～4 歳 7 か月	「運動」「社会性」「言語」の各領域の発達年齢が算出できる。
	KIDS	0 ～6 歳	「運動」「操作」「言語理解」「表出言語」「概念」「対子ども社会性」「対成人社会性」「しつけ」「食事」の各領域に加えて、総合の発達年齢・年齢指数が算出できる。
生活能力検査	Vineland-Ⅱ	0 ～92 歳	「コミュニケーション」「日常生活スキル」「社会性」「運動性」の 4 つの適応行動領域と「不適応行動」について、領域得点や適応行動総合点が算出できる。

出典：滝吉美知香・名古屋恒彦編著『特別支援教育に生きる心理アセスメントの基礎知識』東洋館出版社、2015 年をもとに作成

式発達検査 2001 や遠城寺式乳幼児分析的発達検査法が使用されます。

　多くの検査では、「領域」が設定されています。アセスメントをする際には、知能指数（IQ）や発達指数（DQ）といった全体的な数字にばかり着目してはなりません。たとえば、新版 K 式発達検査 2001 では「姿勢・運動」「認知・適応」「言語・社会」といった 3 つの領域が設定されています。発達指数はこれらの領域を総合して出され、100 が平均となっています。たとえば、「姿勢・運動」の点数が高く、「認知・適応」「言語・社会」の点数が低いが、あくまで発達指数は 100 であるということがあります。このような場合、実際の保育では、先生の言っていること（「言語・社会」領域）が理解できないといった課題が出るかもしれません。検査結果の全体の数字はあくまで子どもの平均的な能力を示しているという見方が必要です。

　また、検査結果と保育の場での姿の乖離があることも理解しなくてはなりません。たとえば、検査結果では言葉の理解がゆっくりであったとしても、保育の場ではさほど困難を感じるような場面がないこともあります。それは、保育者の話していることをすべて理解できていなかったとしても、まわりの子どもたちの動きを見たり、まわりの子どもたちの手助けがあったりすることで生活上の困難が低くなるからです。表 6 - 2 に示した検査のほとんどは、個別式の検査です。これは、子どもと検査者が 1 対 1 の

関係で実施するものです。このような状況下での能力であるため、保育の場で発揮される行動とは乖離することが多いのです。

　これと同じことは、家庭と保育の場の間にも当てはめることができます。ある行動について（たとえば、人の話を聞く、絵本を集中して見るなど）、保育の場ではできていないことであっても、家庭ではできていると保護者が言うことがあります。その保護者の言葉を理解する際には、子どもの能力という視点だけではなく、環境の違いを加味して理解する必要があります。

ワーク

　次の2つの課題を小グループに分かれて話し合ってみましょう。
①クラスに聴覚過敏と味覚過敏をもった自閉スペクトラム症のある子どもがいます。耳をふさいで保育室を出て行ったとき、野菜はいっさい食べないとき、どのような対応をすべきか考えてみましょう。
②知能検査や発達検査の結果があることは、保育の場にとってどのようなメリット、デメリットがあるかを考えてみましょう。

障害のある子どもの保育における理解

写真提供：石神井町さくら保育園

クラスで、はやっているあやとり。本児もいろいろなことに挑戦。「見て、見て、一番星できたよ」

ポイント

1 統合保育の重要性が求められている。
2 障害のある子どもへの理解を深め、見通しをもって関わる。
3 その子がもつ障害について職員が学び、共有化して保育にあたる。

1 | 統合保育への理解

1 統合保育のとらえ方

統合保育ということばは、保育の現場でよく聞かれますが、まず、一般的にどのようなとらえ方をされているかを考えてみたいと思います。統合保育をひとことで言い表すならば「障害のある子どもを健常児と一緒に保育すること」ということになりますが、もう少していねいに言い表すと、「乳幼児の頃から、障害のある子どもと健常児がともに生活し、相互に影響し合いながらともに歩んでいく保育」という表現ができると思います。

さらに、統合保育の目的・意義は何が背景になっているかを考えてみると、「日本国憲法」第26条によって、全国民に教育を受ける権利を保障していますし、国際的には、1989年に国連総会で採択された「児童の権利に関する条約」の第23条に、障害を有する児童の権利として「障害を有する児童が特別の養護についての権利を有すること」が認められています。

以上のような根拠からも、乳幼児期から、乳児保育、幼児教育において、障害の程度の重い、軽いにかかわらず、誰もが等しく保育・教育されるこ

とは当たり前である、というとらえ方をすることができます。

　そして、統合保育を実践するにあたっては、「ともに育ち合う」ということを基本におくことが何よりも重要となります。

■2■ 統合保育の必要性

　統合保育は、障害のある子どもと健常児を分け隔てせず、一つに統合して保育をしようとする試みです。障害のある子どもの統合保育は全国の各自治体で実施されていますが、その取り組み方においてはさまざまであるというのが現状です。

　たとえば、保育所のパンフレットに「障害のある子どもの保育を行っています」とうたってはいても、受け入れをして健常児と生活をともにしているだけであったり、障害のある子どもの保育時間に制約が示されていたりすることもあるのではないでしょうか。

①研修をとおした学び

　筆者が勤務している東京都の練馬区では、1975（昭和50）年度から、障害児保育研修に取り組んでいます。各園から毎年1名、障害保育研修を受講する職員が推薦され、一定期間の研修において、障害に関する知識や状況に応じた対応など、障害のある子ども保育に関わる事項を一貫して習得できる、唯一の研修の場として、これまで多くの職員が学んできました。

　参考事例として、2018（平成30）年度の研修内容を提示します（表7-1）。

表7-1　研修内容の参考事例（東京都練馬区の例）

○障害児保育研修理論講義　10日間

講義日	科目（演題）	時間数
1日目	オリエンテーション	1
	区の統合保育の基本的取り組みについて	2
2日目	言語発達遅滞について	3
	多様な子どもたちの発達支援を考える	3
3日目	発達的観点からみた障害児保育	3
	肢体不自由児について	3
4日目	ダウン症について	3
5日目	障害児の食事介助と口腔衛生	3
	聴覚障害について	3
6日目	自閉症について	3
7日目	気になる子の理解と対応	3
8日目	特別な支援を必要とする子の支援のための実技と演習	3
9日目	保護者への理解と支援	3
10日目	統合保育の実践	3
	実習と演習にあたって～統合保育の中での観察のポイントと記録の取り方	3

※講義のほか、施設見学と実習があります。

○施設見学

　こども発達支援センター・特別支援学校幼稚部・心身障害児総合医療療育センターなど

○保育所実習3日間と演習2日間

> 　定められた期間内で3日間、保育課が指定する保育所（障害児2名以上を保育している区立保育所）で実習を行います。その後、いくつかのグループに分かれて、グループ討議やグループのまとめの演習をして、まとめの原稿作成を行い、障害児保育研修の受講が終了となります。

出典：練馬区「平成30年度障害児保育研修資料」2018年をもとに作成

　障害児保育研修を受講した研修生のアンケートでは、講義での学びに加えて、見学や実習を経験したことによる学びが大変大きいことがうかがえます。さらにグループ討議を行うことで、他者の意見を聞き、話し合いを深めることができ、統合保育に対する視野の広がりを感じたという意見が多く示されています。何よりも、研修を通じてこれまでの自分自身の保育を振り返り、改めて実践を考え、新たな目標を掲げる機会となっています。

ワーク1

　次の課題のなかから1つを選んでグループで話し合ってみましょう。
①それぞれの保育所で統合保育を行っていると思いますが、統合保育をどのようにとらえて保育を実践し、職員間の共有につないでいるかについて、意見を出し合ってみましょう。
②子どもがもつ障害を理解して、統合保育をしていくためにはどのような配慮が必要となるか考えてみましょう。

②「保育所保育指針」に示されている統合保育

　「保育所保育指針」の「指導計画の作成」[*1]では、障害のある子どもの保育について述べられており、その重要性が示されています。

> 　障害のある子どもの保育については、一人一人の子どもの発達過程や障害の状態を把握し、適切な環境の下で、障害のある子どもが他の子どもとの生活を通して共に成長できるよう、指導計画の中に位置付けること。

　また、「保育所保育指針解説」の【保育所における障害のある子どもの理解と保育の展開】[*2]では、統合保育について、下記のように述べられています。

> 　保育所は、全ての子どもが、日々の生活や遊びを通して共に育ち合う場である。そのため、一人一人の子どもが安心して生活できる保育環境となるよう、障害や様々な発達上の課題など、状況に応じて適切に配慮する必要がある。こうした環境の下、子どもたちが共に過ごす経験は、将来的に障害の有無等によって分け隔てられることなく、相互に人格と個性を尊重し合いながら共生する社会の基盤になると考えられる。

　＊1　「保育所保育指針」第1章3（2）「指導計画の作成」キ
　＊2　「保育所保育指針解説」第1章3（2）「指導計画の作成」キ【保育所における障害のある子どもの理解と保育の展開】

3 障害のある子どもの保護者の思い

　私たちの身のまわりでは、障害のある人と、そうではない人がともに社会生活を営んでいます。このことは当たり前のことで、何の偏見をもつこともありません。人には一人ひとりが得意なことや、努力をするとできるようになることや、難しくてなかなかできないことなどがあります。これらの生活課題を連携によって解決していく**自助、互助、共助、公助**が円滑に営まれることで、人同士が支え合うことができます。このことは、保育の現場でも同様です。子どもを取り巻く大人たちの考え方や姿が子どもたちへのモデルとなり、ともに育ち、より質の高い統合保育につながっていきます。

　以下に、わが子に障害のある母親が保護者会で話した事例を紹介します。

事例1　皆さんのお子さんと一緒に生活できて幸せです

　新年度が始まった4月早々の保護者会の席で、1歳児のマリちゃんのお母さんが、「少しだけいいですか。うちのマリは、生まれつき耳が悪くて難聴の子どもです。でも、このたび保育所に入園できて本当によかった、幸せです。これから、補聴器をつけての生活になりますが、皆さんのお子さんと一緒に遊ばせてください。よろしくお願いします」と頭を下げられました。その場にいた保護者全員が拍手をすると、マリちゃんのお母さんの目から涙が流れました。わが子のことを、皆に伝えなければと思っていたお母さんの緊張感と、それを優しく受け止めた保護者との絆が結ばれた瞬間でした。

　　　　　　　　　　　　　　絵：福田愛子（石神井町さくら保育園）（以下レッスン7、8について同じ）

---

2 ｜ 障害のある子どもを理解する

1 子どもを知ることから始まる保育

　障害のある子どもが保育所に入所を希望して、入所に至るまでの手順は、各自治体で異なると思いますが、「入所が決定して面接を実施したときから保育は始まる」と考えていくことが望ましいといえます。その子が抱えている障害名、あるいは障害の内容や特徴、配慮すべき事項、入所にともなうリスクなど、あらゆる点について情報をつかむことが必要です。わからないことや不安なことは、保育が始まるまでに解決しておくことが求められます。保育所内だけでは判断が難しいときは、専門家や主治医の意見を聞くことも大切です。

用語　自助、互助、共助、公助

自助は、自分の力で自分自身ができるところまで頑張ること。互助は、子どもに関係する者同士が互いに助け合うこと。共助は、周囲の保護者も含めて共同で助け合うこと。公助は、公的な機関によって提供される援助のこと。

　そのように事前の準備を整えたうえで保育の初日を迎え、その後は、その子どもをしっかりと受け止め、保育者との信頼関係を築いていきます。信頼関係が築けると、そこから子どものあらゆる場面での発達がみられるようになります。

　発達といっても、急に何か大きな変化が現れるわけではなく、保育者が子どもを理解するために、具体的にその子のどこを、何を、どのように見ていこうと考えているかということから、障害のある子どもの保育は始まります。

　実際に入園が決まるまでの練馬区の例を見てみましょう（図7−1）。

図7−1　保育所の入園が決まるまでの流れ

①障害児としての入園申請の書類を締切日までに区に提出
②集団保育が可能か否かを判断するために入園希望園として複数明記した保育所のなかのいずれかで事前保育を2日間程度実施
③事前保育実施後、実施園は観察基準表と観察結果記録表を区に提出
④受け入れ可否を審議する児童については、障害児保育連絡会議に園長が出席し、事前保育の結果を報告
⑤受け入れ見通しが「可」となった児童については、非障害児の内定児発表とともに名簿が園に示される
⑥入園内定児として面接、園医による健康診断を受診

入　園（4月1日）

■2■　見通しをもった関わり

　障害のある子どもの保育に取り組むとき、何を大切にしたらよいのかわからない、また何か特別なことをしなければならないのではないかと考えることはないでしょうか。前項で述べたとおり、障害の特徴や内容を知ることは必要ですが、保育実践においては他児と同様に、常に見通しをもった関わりを考えていかなければなりません。

　たとえば、個別指導計画を考えるときにも「〜をできるようにする」という成果を求めることを主とするのではなく、長期的な見通しをもった目安を立てていくと、子どもの「今」をていねいに見ていくことができます。

> **事例2**　自分から来てくれない！　このままでいいのかな
>
> 　ダウン症（→巻末133頁参照）のあるはるちゃんは1歳児で入園してきました。まだ歩行はできませんが、表情は豊かで、保育者との信頼関係もよく、好きなままごとや人形のお世話などで遊んでいます。移動する手だてはおしりをずりずりする動きです。ところが、食事のときは自分から来る気配はなく、「はるちゃん、ごはんよ」と言われても、両手を出して連れて行ってのしぐさを見せるだけでした。
>
> 　ある日のクラス会議のとき、担任から「遊んでいるときは自分から移動するのに、ご飯のときは来ない。このままでいいのかなと思ってしまうの

ですが」という提起がありました。

参加していた保育者がそれぞれの思いを出し合いましたが、どうしても、はるちゃんが自分から食事コーナーに来てくれるための手だてばかりを考えてしまいました。

そこで、いつも客観的にはるちゃんを見ている園長に助言を求めると、「もう少し待ってみたら？　なぜなら、はるちゃんは食べることが嫌なわけではなく、毎日残さず食事をしているよね。自分から食事コーナーに来てくれないことだけを気にかけなくてもいいのではないかしら？」という返事がありました。

確かに、はるちゃんは動けないわけではなく、好きなところに移動することができるのだから、少し長い目で見守っていけば必ず変化が現れてくると願い、両手を広げて保育者にだっこを求める姿を受け止めていくことにしました。4か月後、はるちゃんは食事コーナーに、おしりをずりずりしながら、自分から来るようになりました。

何かをさせよう、やらせようとせず、子どもが自らやってみようという気持ちになるまで「待つ」ことの大事さを学ぶことができ、保育者にとってよい経験となりました。

事例2からわかるとおり、「待つ」ということには、保育者が子どもの主体性を尊重して、ゆとりと気長な気持ちをもつことが必要になります。

3　ていねいにつないでいく保育

子どもの発達の段階や現状の姿を把握して的確な援助をするとき、皆さんは目の前に現れている姿だけを見て断片的にとらえることはないと思いますが、障害のある子どもたちに対しては、さらに細やかな配慮が求められます。

「つないでいく保育」とは、複数の担任がさまざまな角度から1人の子どもを見て、最も必要な関わりを1つにつなぎ合わせて共有して保育をしていくことです。

事例3　手わたすことばの共有化

1歳児のまもるくんは、何でも口に入れたり、おもちゃを手にするとすぐに投げたりしてしまいます。そのつど、そばで関わっている保育者が「まもるくん、お口に入れないよ」「入れたらだめ」「ペッしようね」など、さまざまな言い方で接していました。

ある日のクラス会議のときに、まもるくんのことが話題に上がりました。「どうして、ダメということが伝わらないのかな」「優しく接しているのにね」「ほかの子は口に入れたりしていないのに」など、保育者それぞれが感じていることを出し合いました。

1人の保育者が「私たちの言い方がいろいろだから、ことばかけを理解

することが十分ではないまもるくんにとっては、言われていることばの意味がわからず、混乱しているのではないのかな。言い方を統一してみるのはどうかな」と発言しました。「そうかもしれないね」「そう思う」「よくわからないけど、試してみたら」などの意見が出て、実践してみようということになりました。以下のように、まもるくんにわかりやすいことばを使い、ことばを手わたす気持ちで関わっていくことを確認し合いました。

　㋐ものを口に入れたとき→「出してね」と言って保育者が「ちょうだい」
　　のしぐさをする

　㋑ものを投げたとき→「投げない」と言って
　　保育者が首を横に振る

　1 か月後、課題となっていたことがほんの少し改善しました。特に、ものを口に入れることが減少したのです。このことに、担任間で関わり方を共有することの大切さを感じた、という意見が保育者から出ました。

　保育者一人ひとりの手わたしたことばが、まもるくんに届いたような気がします。

　事例 3 のように、ことばの理解が難しい場合は、話しかけることばの種類が多くなると混乱しますので、明快なことばで伝えていくことがよいでしょう。ことばが理解できると、行動に現れます。このことは、発達に課題を抱えている子どもにとっては大変重要なことです。

　進級時においても、進級して 1 つ大きくなったのだから、何かをできるようにしようとするのではなく、細かいところまで引き継ぎをして、継続した関わりと、子どもが安心した生活ができるようにすることが大切です。

3 ｜ 職員間の連携と共通理解を図る

1 連携を図るために

　保育者は、一人ひとりの子どもの健やかな育ちを確かなものにしたいと願って、保育にあたっています。しかし、日々の保育に追われることも多く、1 人の障害のある子について深く見つめ、考察する機会は案外少ないのではないでしょうか。だからこそ、工夫が必要となります。

　そのようなとき、クラス会議の場を有効に活用することもよいでしょう。

事例 4　会議で深まる連携

　1 歳児クラスの会議の様子を示します。
　筆者の勤務する保育所では、毎月 1 回、昼の時間帯に 1 時間のクラス

会議を行っています。昼間の貴重な時間を無駄なく活用するために、話し合いたいことを事前に担任間で確認しています。

　席に着いてから「〇〇についてどうしたらいいでしょうか」では、時間がもったいないことを皆わかっているので、必ず話し合いの議題は全員が見る掲示ボードに事前に明示しています。

　そうすることで、ほかのクラスの保育者にも、今、1歳児クラスではどんなことを話し合っているのかを把握してもらうことができます。

　また、このように事前に課題を示すことで、考えて会議に参加しますので、1、2年目の経験が浅い保育者も自分が考えていることや感じていること、思っていることを緊張せずに発言できています。

　ときには、「課題となっている保育の動画を撮ってみよう」と話すこともありました。また遊具に関しても、現在の遊具が発達に合ったものになっているか、入れ替えるとしたら何がよいか、なぜ入れ替えが必要かなどを、一人ひとりが考えて会議に臨んでいるため、話し合いの内容の共有と担任間の連携が深まりました。

写真提供：石神井町さくら保育園

　事例4のように、会議の内容の事前把握を十分に行うことにより、保育者一人ひとりの意識が高まり、保育者同士の連携や、関わり方の共有化を図ることができるでしょう。

　　ワーク2

　次の課題のなかから1つを選んでグループで話し合ってみましょう。
①それぞれの保育所が、保育者間の連携を図るために努力していることを話し合ってみましょう。
②連携の難しさや課題点を出し合って、よりよい手だてを考えてみましょう。

■2 話し合いの可視化

　子どもを理解するために、保育者はさまざまなことに取り組んでいます。以下に例をあげます。

---
①遊んでいる様子を見る。
②食事や排泄など生活面の状況を見る。
③他児との関わりの場面を見る。
④ことばの理解力を把握する。
⑤運動面の発達をとらえる。

　以上のように、子ども理解の手だてはたくさんあります。

　この場合、大切なのは内容です。「何を」「どのように」「なぜ」を考えながら子どもとの関わりを深め、子ども理解につなげていきましょう。

　そして、その子をよりていねいに受け止めていくために、話し合った結果を職員間で共有しなければなりません。話し合った内容の受け止め方の少しの違いが、子どもへの関わり方において大きなずれにつながらないようにするためにも、可視化は必要です。

　また、話し合った内容を記録していくこともちろん大切です。言語化すれば、必要なときに読み返すことができ、内容を確認することにつなが

図 7 - 2　簡単な見える化（1 歳児　ダウン症児）

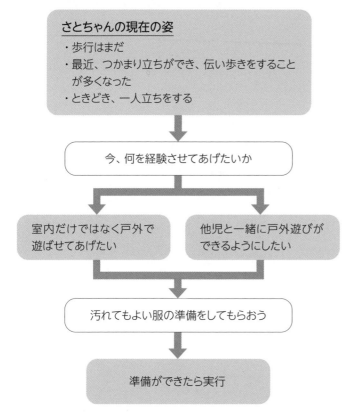

ります。しかし、記録のしかたが発言内容をすべて羅列するだけでは、経過と結果が読み取りにくくなってしまいます。課題点をつかみ、改善につなげていくためには、どうすればその課題を克服して前に進むことができるかを、よりわかりやすく示す見せ方を工夫するとよいでしょう。見せ方を工夫することで課題の見える化につながり、子どものことが把握しやすくなります。

　筆者の勤務する園では、話し合いの経過の内容をホワイトボードに示しながら会議を実施しています（図7-2）。ホワイトボードに示すことで、参加している全員が同じ方向を見ながら話し合いができます。意見交換が進むと、書き加えたり、あるいは二重線で消したりしながらディスカッションが進み、最終的には討議の結果をまとめて表示して確認し合うことができます。

　以上のように、話し合いを可視化することで、目的や目安が明確になり、気負うことなく保育実践に生かすことができるのです。

障害のある子どもに配慮した環境設定

大好きな外遊び！
「１人で立っちしたのよ」

写真提供：石神井町さくら保育園

ポイント

1 特別な配慮を必要とする子どもや、気になる子どもが増えている。
2 子どもの発達を理解して保育環境を整える。
3 現在の子どもの状況を十分把握し、見通しをもって保育する。

1 障害のある子どもの現状

1 特別な配慮や支援が必要な子どもへの関わり

　多くの保育所が障害のある子どもの受け入れを実施していることでしょう。受け入れの人数や受け入れ可能な障害の程度については、公立保育所、私立保育所などそれぞれの保育所の取り組みがあるため、内容は一様ではありませんが、子どもたちはそれぞれ人格をもって、一人の人間として存在していますので、他児と比べることなく、その子のありのままをしっかりととらえて保育をしていきましょう。

　とはいうものの、発達上に何らかの障害があるわけですから、障害の特徴や内容については十分理解し、保育者自身の不安は取り除いておかなければなりません。

　しかし、障害の程度が重い場合は、不安が残ります。そのような場合に備えて、日頃から専門機関との連携のとり方を把握しておくことが必要です。

　どこに、どのような手順で相談したらよいかがわかっていると保育者の

安心につながります。特別な配慮や支援が必要な子どもたちに関わるとき、保育者の安心やゆとりは重要です。特別な支援が必要な子どもたちのまわりには、ともに生活する仲間がいます。保育者との1対1の関係だけでは得ることが難しいことも、他児の存在が障害のある子どもにとって、大きな影響力となって現れることを、保育所の保育においてはたびたび目の当たりにすることができます。

コルネリア・デランゲ症候群、全盲、**筋ジストロフィー**、ペースメーカー使用、難聴など、病的な症状を抱えている子どもの状況については、専門的な学びが必要ですが、子どもとの関わり方においては、統合保育のなかで仲間とともに育むことを大切にしていきましょう。

また、近年、特別な支援が必要な子どもが増加しているといわれています。ここで、障害のある子どもの保育の実施状況をみてみましょう（図8-1）。図からも、障害のある子どもの数の増加を把握することができます。

図8-1　障害児保育の実施状況の推移

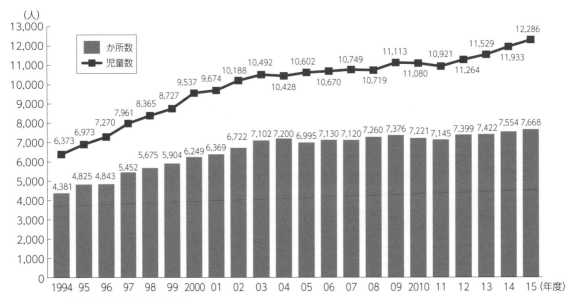

注：児童数は、**特別児童扶養手当**支給対象児童数
資料：厚生労働省
出典：内閣府「平成29年版障害者白書」2017年をもとに作成

 コルネリア・デランゲ症候群
出生時から奇形をともなう先天性疾患。低身長症や発達遅滞など先天性の成長障害のほかに、多毛、特に眉毛の密生や両眉の癒合、曲がった長いまつげ、小さい鼻、下がった口角と薄い唇など特異な顔貌のほか、胃食道逆流などの機能不全、横隔膜ヘルニアほか心奇形など内臓奇形、口蓋裂、難聴などをともなうこともある。

筋ジストロフィー
時間経過とともに筋肉が徐々に壊れていき、進行性で筋力が衰える病気。運動機能に問題が生じるほか、心臓や呼吸等の内臓機能に症状をきたすこともある遺伝性の筋疾患。

特別児童扶養手当
精神または身体に障害を有する児童について特別児童扶養手当を支給することにより、これらの児童の福祉の増進を図ることを目的にしている。20歳未満で精神または身体に障害を有する児童を家庭で監護、養育している父母等に支給される。

2 気になる子どもへの対応

　それぞれの保育所に入所している障害のある子どもは、障害名がはっきり示されています。それにより保育者の加配がある場合も多いのではないでしょうか。ところが近年では、保護者から申し出がない障害のある子どもやその疑いがある子ども、障害名はつかないが発達面においていわゆる「気になる子ども」が増えています。

　気になる子どもといっても内容はさまざまです。①コミュニケーションが苦手、②すぐに手が出て乱暴な行動が多い、③対人関係がうまくいかない、④集団のなかに入りにくい、⑤発達がゆっくり、⑥話を最後まで聞くことができない、⑦まわりのことを気にせず自分のペースで行動する、⑧人と目を合わせない、⑨集中力が弱いなど、いろいろと気になることがあるでしょう。

　ではここで、下記のワークについてグループごとに話し合いましょう。

> ### ワーク1
>
>
>
> **3歳児23名のクラスで3名担任（3歳女児［新入園児］、4月下旬)**
>
> 　3歳児のかおりちゃんは、保育所の生活には1週間で慣れ、他児とのコミュニケーションも良好です。かおりちゃんの入園面接時の聞き取りでは、「食は細いですが苦手なものはピーマンくらいであとは何でも食べます」と母親は話していました。ところが、ピーマンだけではなく、トマトやニンジンなども食べられないという極度の偏食があり、一口だけでも食べようとする様子もなく、頑として口を開けようとしません。摂食は主食と汁物だけです。このような場合、保育者としてどのような対応で取り組んでいったらよいでしょうか。

　グループワークをとおして、さまざまな意見を出し合い考察したことと思います。

　では、先に列記した①～⑨の姿について考えてみましょう。どの状況も保育者から見た子どもの姿を表現していることに気づくでしょう。

　たとえば、「④集団のなかに入りにくい」という場合、「なぜだろう」「果たしていつもみられる行動だろうか」「友だちや保育者への関心は薄いのか」など想定できる範囲のことを考えてみます。そして、これらのことを担任間で話し合ってみると、子どもの見方が変わります。

　以下に示す状況も「④集団のなかに入りにくい子どもへの配慮」について、クラスで話し合った実践事例です。

事例 1　見通しがもてると心が動いて行動できる！

　りょうくん（気になる子）以外のほかの子どもは、すでに絵本を読んでもらう場所に集まっています。このような場面のとき、りょうくんは、保育者が座るように声をかけて促しても、なかなか応じることがないのですが、ある日、自分から気分よく遊びを終えて気持ちを切り替え、絵本の時間に参加することができました。「今日は、なぜスムーズに行動できたのだろうか」と振り返ってみると、保育者が次の行動をわかりやすくりょうくんに伝えたからではないかということが考えられました。これからも今まで心がけていたように、無理にみんなと一緒の行動をとらせようとせず、状況を見て、少し早めに声をかけることを意識して、しばらく見守っていこうということになりました。

　このように、子どもの見方を変えると見え方が変わってきます。このことこそが、保育の実践では重要なポイントとなります。

事例 2　家庭と一緒がいいね！

　まことくんは生後 5 か月で入園してきました。離乳食が初期食から中期食、後期食と進んだ頃、「まことくんの食べ方が気になるので、食事の動画を撮って、クラスの会議で話し合いたい」と担当保育者から提案がありました。担当保育者が気になっていることは、「スプーンに乗せた食べ物が口に入るとそれを入れようとするしぐさで、必ず右手を口に押し込んでしまう」ということでした。

　そこで食事の際、ビデオを撮ることにしました。後日のクラス会議で、動画を見ながら各自が感じたことを出し合いました。「本当だ、必ず右手が口に入っているね」「どうして手を口の中に入れるのかな」「食べていることがわかっているのではないかな」「遊んでいるとき、手を口にもっていくことはないけどな」「そういえば、手にしたおもちゃは必ずなめているね」などの意見が出ました。しかし、まことくんの心情を読み取ることは難しく、保育者たちは頭を抱えてしまいました。そのとき、リーダーの保育者が「とりあえず、右手が口に行く前に右手をつかんであげてみてはどうかな」という提案をしたところ、皆納得して実践するということになり、早速その日から取り組むことになりました。この提案は、1 対 1 の食事において保育者の両手を使って介助することになりますので、保育者にとっては忙しい対応になりましたが、慌てないように介助しました。

　大人の関わり方を変更したので、食事の動画も引き続き撮りました。保育者が手をつかんでもまことくんに嫌がる様子がないというのも、発達上気がかりな点でした。一方、家庭ではどのような状況なのだろう、保護者は大変な思いをしているのではないかと考えたので、家庭での食事の様子もスマートフォンで撮ってもらうことにしました。

　そして後日、両親と面談を行い、お互いの状況をそれぞれ動画で見せ合いました。想像したとおり家庭では、1人の介助ではなく、両親が協力し合ってまことくんの食事に関わっていました。

　保育者が「お母さん、毎日大変でしょう」と尋ねると、母親は「そうなんです。すぐに両手で払いのけるようなしぐさをするので、お父さんにあやしてもらったり、手伝ってもらったりしています」と話しました。

　家庭での対応を否定せず、「保育所で今、取り組んでいることを家庭でも一緒にしてみませんか」と提案しました。両親は、いつもまことくんのことを大切に思っていますし、保育所への信頼をもってくれていますので、すぐに了承して、実践してくれました。

　気になる子どもについては、保育者の加配が難しいなかで、保護者との連携や職員間の協力体制が求められます。細かいことでもていねいに受け止めて、子どもを理解し支援していきましょう。

2 ｜ 人的環境と物的環境

■1■ 子どもの発達と保育者の関わり

　一人ひとりの子どもの発達をていねいにとらえて、その子にとって最も適した関わり方をするためには、何よりも子どもを理解しなければなりません。

　保育者は、子どもを理解するためにはどのようにしたらよいかと考えますが、ともすると、現在の姿と以前の姿を比べて「スプーンが上手にもてるようになった」「ごっこ遊びをすることもある」「友だちと一緒に遊ぶようになった」「積木を高く積むことができて、少しの時間集中して遊ぶことが多くなった」など、変化したことをとらえようとします。このように、よい方向に転換したことに注目する見方がだめということではありませんが、よりよい関わり方につなげていくためには、現象だけをとらえず客観的な考察も必要です。

写真8-1　クラス会議による記録の共有化

気になる子どもについて、保育者一人ひとりが発達記録を持ち寄り、話し合いを深めていくクラス会議は有効となる。

写真提供：石神井町さくら保育園

多くの保育所では、児童票や指導概要記録などがあり、子どもの姿を定期的に記録していると思います。記録をすることは、一人ひとりの子どもの育ちを振り返るよい機会となります。

筆者の勤務する保育所でも、児童票の記録は定期的に行いますが、結果記録だけではなく、そこに至る経過を大切にしたいと考えています。記録の際には障害のあるなしにかかわらず、一人ひとりの育ちを支える意識をもち、援助の共有化を図ることこそが大事な点であるととらえています。

> **事例3**　みんなで考えよう（2歳4か月）
>
> 　とおるくん（気になる子）の検討をしたいと考えていたとき、1人の保育者が、「発達チェック表を用いて、各自がチェックをして持ち寄り、クラスの会議で話し合ってみませんか」と提案したところ、ほかの担任もすぐに賛同して実践しました。
>
> 　6名の保育者がそれぞれ実践した発達チェック表を持ち寄り、気づいたことやチェックを行ってみて感じた、以下のようなことを発表し合いました。
> ・発語の箇所のチェックがつけづらかった。
> ・とおるくんの言語理解については理解が弱いなと漠然としたとらえ方をしていたが、現状の把握が明確になったことで手だてを考えることに気持ちが向いた。
> ・階段を降りるときは、必ず両手で手すりをつかむ。昇るときも同じ。
> ・運動の部分で、走る、ボールを蹴る、両足でぴょんぴょん跳ぶなどは難しい。なぜだろうと考えると、今までも気にはなっていたが、体のかたさが影響しているのかなと思う。一つひとつの行動をよく見ると勢いで動いているように見える。
> ・対人関係では、まだまだ他児への関心が薄い。

子どもの発達をとらえて、どのような支援をしていくことが、子どもの最善につながるかということは一様ではないので、常に担任間の連携や取り組み方の共有を大切にしていきましょう。

2　話し合う環境づくりと巡回指導の大切さ

障害のある子どもの保育の実践において最も大切なことは、保育所全体で話し合える職場環境があるということです。障害のある子どもがいるクラスの担任だけに任せてしまうと、その保育者は責任の重さを感じてしまうことでしょう。

日頃からクラス会議や職員会議で話し合う環境をつくっていると、保育者が悩んでいることを報告するだけに終わることなく、担任ではない保育者一人ひとりが客観的に見た様子を伝えたり、障害のある子どもの保育実践経験のある保育者が、自分の体験事例を話したりすることができ、それが参考になることがあります。

また、言語や運動、心理面などの専門家による巡回指導をとおして学ぶ

ことも重要なことです。保育の実践記録やこれまでの子どもの育ちのプロセスや、指導を受けたい要点などを示して、専門家からアドバイスを得られることは、保育者にとって心強い示唆となります。

ここで、筆者の園での巡回指導の様子を見てみましょう。

> **事例4**　**動詞が理解できた！**
>
> 　巡回指導の当日は、落ち着いた環境のなかで、担任と対象児と巡回指導員（言語の専門家）の3名が関わります。
>
> 　対象児との対話をとおして、巡回指導員がいろいろ話しながら大切なことを伝えてくれます。たとえば、「とおるくん、汽車ちょうだい」と指導員が言うと「あい」と言って汽車を1つとって渡そうとしました。
>
> 　そのとき、巡回指導員は、①人を認識しているから人の言葉が入っていくこと、②目でがんばらせないで耳を使うことを大事にする、③動きながら声が出ているので言葉の入り口にきている、④動詞がわかってきたから、動詞が入っていく、⑤保育所で課題を見つけてもらったので成長がある、ということを伝えてくれました。
>
> 　何よりも、胸にすとんと落ちたのは、動詞の理解が行動になって現れるという点でした。このこと一つをとってみても、保育の実践に生かすことができて大変うれしく思えた巡回指導でした。
>
>
>
> 写真提供：石神井町
> さくら保育園

　事例の写真は、「とおるくん、汽車ちょうだい」との問いかけに応じることができた場面です。これも、対話が成り立った瞬間です。

3 　保育室の環境構成の工夫

　子どもにとって保育所は、1日の大半を過ごす場所です。その生活の場所が、どのような場であったらよいかという点を配慮しながら保育を行います。

　何よりも、子どもがいる場所は居心地がよく安心・安定できるところでなければなりません。そして、子ども自身がいっぱい遊んでみたいと思える環境であることが大切です。これらのことを満たしていくために必要なことを考えて、実践していきます。

　車いすを使用しなければならない、眼鏡を使用している、補聴器をつけている、ヘルメットを使用している、心臓のペースメーカーを装着してい

る、食事の制限があるなど、一人ひとりの障害の内容により、さまざまなケースが考えられます。どのような場合でも、対象児にとって必要なこと、留意しなければならないことをまず確認しますが、保育所の保育は集団保育ですから、個別配慮はもちろんのこと、その場で生活をともにするクラス全体の子どもたちのことも配慮して、最善な環境構成を行うことが求められます。

　すでに統合保育を実施しているという場合には、現在必要な遊具は何か、また、保育室のコーナーづくりは適しているか、子どもの動線に支障はないかなどを考えて環境構成を行っていることでしょう。そのうえで、特別に支援が必要な対応を実施しているのではないでしょうか。その支援の内容が、対象児にとって最も適していることが、何よりの物的環境の工夫といえます。

3 ┃ 統合保育における配慮

1 必要な環境条件を確かめ合う

　支援を必要とする対象児にとって「何が大事なことなのか」を話し合って実行することは最も重要な要件です。

　この「何が大事なことなのか」の第一にあげたいことは、命の安全ということです。障害のあるなしにかかわらず、当たり前のことですが、障害のある対象児についてはさらなる意識がなければなりません。

　子どもの活動の場は、室内だけではなく戸外もありますので、あらゆる場面を想定して、保育者間の話し合いをしましょう。そして、必要な環境条件は人、もの、時間も含めて総合的に考えていくことを心がけましょう。

> **ワーク2**
>
> 　特別な支援を必要とする障害のある子どもについて、どのような環境を整えているか、実践を出し合って、話し合いましょう。

　話し合いをとおして多くの意見が出てきたことと思います。以下に、筆者が実践してきた実例を示します。

①全盲の子どもの保育

　全盲の子どもにとっては、耳が目の役割を果たしているため、人の声を聞き取ろうとするとき、どうしても頭を垂らす姿勢になってしまいます。そのため、背中が丸くなりがちですので、大型積木の立方体にキルティングのカバーをつけて、背もたれのないいすをつくりました。それにより、背筋が伸びましたが、しばらくたつと再び頭を垂らす体勢になってしまいました。

　しかし、保育者の言葉かけや体幹を育てる遊びなどを積極的に行うと、3歳児の頃には、頭を垂れても背筋が曲がることはなくなりました。言葉の理解も大きかったと思います。

　また、全盲の子どもとコミュニケーションをとる場合には、大人は自然にていねいな日本語で応対していることに気づかされました。さらに、「こっち」「あっち」「向こうまで」「これとって」などの代名詞での会話は適切ではないということにも気づかされました。たとえば、「私の声が聞こえるところまでまっすぐ進んで来てください」「ロッカーをさわりながら歩いて端まで行くと、さとちゃん（対象児）の帽子がかかっているから、帽子をかぶって、もとのところまで戻ってきてください」などと具体的に伝えることで、行動がともないます。

　日常保育のなかで当たり前に使っていた代名詞は、障害のあるなしにかかわらず留意しなければならないということを、全盲の子どもの保育を経験して学びました。

②難聴の子どもの保育

　難聴の子どもの入園にあたり、補聴器の取り扱いについて保護者との確認をていねいに行い、使用上の確認事項については書面で示し、確認書として署名をしてもらっています。保育を行うにあたって最も重要な配慮事項は、補聴器の取り扱いです。

　補聴器にはボタン電池が入っています。万が一、補聴器からボタン電池が落ちて、それを誤飲してしまうことは、決してあってはならないことですので、家庭から預かるときは、必ずケースに入れて、直接保育者に手渡すことなど、園での取り扱い方の確認はどれだけていねいに行ってもやりすぎることはありません。事故が起こってからでは取り返しがつかないことですから、担任間でも慎重に確認し合いました。

③経管栄養剤を使用している子どもの保育

　口腔からの食べ物の摂取が難しく、経管栄養剤の使用で保育所での生活をしている子どもがいます。汁物の汁は摂取できますが、具は受けつけません。

　鼻からチューブが出ていますが、保育を行ううえでは支障なく活動しています。1日11時間保育所で生活するためには、300mLの栄養剤の摂取が必要です。しかも経管からの注入は医療行為となるため、保育所では行うことができません。そのためコップで摂取することになり、時間は要しますが、規定量の摂取はできています。

　日常生活では日々経管栄養剤を持参してもらっていますが、災害が発生した場合を想定すると、非常食としての在庫は必要ですので、非常食用として保育所で保管する経管栄養剤を預かっています。使用期限を毎月チェックして、期限が近づいているものは家庭に返却し、新たなものを持参してもらっています。

　以上のように、日常から、その子に応じた環境条件を考えておくことが求められます。

２　評価と考察と改善

　障害のあるなしにかかわらず、保育現場では一人ひとりの子どもの発達や育ちに即した関わりを行うために、個別指導計画を作成します。

　特に乳児期においては、多くの保育所で個別指導計画を作成していると思いますが、年齢が高くなるにしたがって、個別指導計画というよりも個別配慮という表し方で、クラスのなかの数名だけが取り上げられることもあるようです。

　筆者の勤務する保育所では、全園児の個別指導計画を作成しています。なぜならば、クラス全体の指導計画を立てたうえで、毎月、一人ひとりにどのような点に配慮して関わっていったらよいかということを明確にし、担任間の共有を図るために文書化が必要だと考えるからです。障害のある子どもだけに限らず、クラス全員への配慮も一緒に考えていくことを大切にしています。

　しかし、子どもの発達が毎月大きく変わるわけではありませんので、継続性や見通しをもって簡潔に作成しています。何よりも大事にしているのは、個々の現状の姿をしっかり見ることです。目の当たりにする姿だけではなく、「なぜ」「どうして」「何を」などを考えた計画の作成を心がけています。

　障害のある子どもについても同様ですが、統合保育を意識しながら配慮すべき事項を考えています。そして日々、個別記録を書きますが、記録として書き記しておいたほうがよいと思う内容を押さえて記録するようにしています。

　また、保育事務への負担を感じることがないよう、なぜ記録をするのかという点を、確認し合っておくことが必要です。このことは、保育者の関わり方の協働性を何よりも大切にして保育を実践することにつながります。

　表8-1は筆者の勤務する保育所で使用している、障害のある子どもの個別指導計画と個別日誌です。

　また、保育の実践にあたっては、PDCAサイクルを意識していくことが大事です。つまり、目的をもった計画を立てて（Plan）、実際に保育を行い（Do）、計画と実践との関係がどうであったかを実際の子どもの姿から評価・考察し（Check）、改善すべき点や工夫する点を確認して行動に移す（Action）という流れを共有して保育を行っていくとよいでしょう。

　いつも意識しておきたいことは、障害のある子どもを特別に支援してクラスの仲間に入れようとするのではなく、障害のある子どもが他児といっしょに関わって遊びたいと思えるような集団づくりをすることではないでしょうか。すべての子どもにとって、自分の居場所が不安な場ではなく、いつでも安心できる場であるということこそが保育の原点であり、そこからさまざまなことを、子どもを取り巻く大人は試行錯誤していきます。

　筆者は、障害のある子どもにとってよいと思える保育は、どの子にとっても必要な保育であるということを、長年の保育経験から気づかされました。今後も当たり前のこととして実践していきたいと思っています。

表 8 - 1　障害のある子どもの個別指導計画・個別日誌

○○○○年度　1歳児　くるみ組

個別指導計画・個別日誌（3 月）

氏名 ＿＿＿＿＿＿＿＿＿＿＿　　月　　日生　　歳　　か月　　園長□　主任□　担当□

	ねらい	保育者の配慮
養護		
教育		

				1 日（金）〈体調〉良・鼻水・咳　その他（　　）
4 日（月）〈体調〉良・鼻水・咳　その他（　　）	5 日（火）〈体調〉良・鼻水・咳　その他（　　）	6 日（水）〈体調〉良・鼻水・咳　その他（　　）	7 日（木）〈体調〉良・鼻水・咳　その他（　　）	8 日（金）〈体調〉良・鼻水・咳　その他（　　）
11日（月）〈体調〉良・鼻水・咳　その他（　　）	12日（火）〈体調〉良・鼻水・咳　その他（　　）	13日（水）〈体調〉良・鼻水・咳　その他（　　）	14日（木）〈体調〉良・鼻水・咳　その他（　　）	15日（金）〈体調〉良・鼻水・咳　その他（　　）
18日（月）〈体調〉良・鼻水・咳　その他（　　）	19日（火）〈体調〉良・鼻水・咳　その他（　　）	20日（水）〈体調〉良・鼻水・咳　その他（　　）	21日（木）〈体調〉良・鼻水・咳　その他（　　）春分の日	22日（金）〈体調〉良・鼻水・咳　その他（　　）
25日（月）〈体調〉良・鼻水・咳　その他（　　）	26日（火）〈体調〉良・鼻水・咳　その他（　　）	27日（水）〈体調〉良・鼻水・咳　その他（　　）	28日（木）〈体調〉良・鼻水・咳　その他（　　）	29日（金）〈体調〉良・鼻水・咳　その他（　　）

評価・考察	

＊土曜日は、土曜日保育日誌に記載

障害のある子どもに配慮した関わりとコミュニケーション

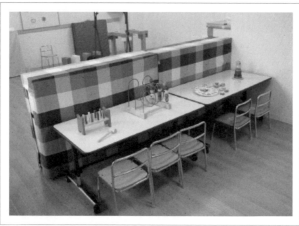

療育では、「構造化」といった子どもが落ち着いて活動に取り組める工夫をしている。

写真提供：児童発達支援事業所 OK プラネット

ポイント

1 生活能力を高めるためには、長期的な視点から必要性を考える。
2 障害特性に合わせた環境構成やコミュニケーション支援が重要である。
3 二次障害の防止といった視点から保育を見直す必要がある。

1 | 生活の自立に向けた支援

　生活能力が向上することは、生活の質（QOL）が向上することにつながります。生活能力は、児童期以降の認知的な学習の基礎となり、成人期以降には就労継続の基礎となる重要な能力です。以下では、障害のある子どもの保育における生活の自立に向けた支援について、いくつかのポイントを示します。

　第一に、障害特性との関連でアセスメントすることです。たとえば、二分脊椎症のある子どもであれば、多くの場合、排泄の自立が遅れます。医療との連携のなかで、どのように排泄指導を行っていくのかについて、個別に支援計画を立てる必要があります。

 二分脊椎症
脊髄が入っている脊柱管の形成不全によって、神経が脊柱管の外部に出ていることで生じる障害。下肢の機能障害や排泄機能障害などが生じることが多い。出生後すぐに閉鎖手術を行うのが一般的である。

　アセスメントする際には、①子どものできること、②援助すればできること、③援助してもできないことを的確にとらえていく必要があります。ほかにも**発達性協調運動症**や限局性学習症（SLD）があると、その障害特性として手先の不器用さが現れます。その場合、はしをもったり、ハサミを使ったりといった行動が苦手になります。これぐらいの年齢であれば、ここまでできる「はず」といったように平均的な発達を基準にしてその子どもの目標を決めてしまうと、子どもにとって発達課題に合わないことを求められ続けることになってしまいます。障害特性を念頭におきながら、子どものできることを支えていく保育であることが重要です。

　第二に、主体的な行動を形成することです。障害があると、「支援を受ける」ことが多くなります。そのため、なかには支援されることに慣れてしまう子どもがいます。これは、人的環境によって形成された行動であると考えられます。保育者だけではなく、同じクラスの他児が障害のある子どもに過剰な支援をする影響もあります。他児にとっては、「お手伝い」であるかもしれませんが、障害のある子どもにとって、できることをする機会が失われることにならないように、注意する必要があります。

　保育のなかで生活能力（生活スキル）としてよくあげられるのは、食事・排泄・着替えなどです。それでは、「生活能力」とは何を示すのでしょうか。表9-1には、Vineland-Ⅱ（→レッスン6、表6-2参照）において計測する「生活能力」の領域を示しました。高い生活の質を保つためには、これらの領域がバランスよく成長している必要があります。

　たとえば、「余暇」があるということは、成人期の生活の質に大きな影響を与えますが、幼児期に興味があることに「没頭」できること、「遊びこみ」ができることは、その基礎となります。**自閉スペクトラム症**（→巻末133頁参照）のある子どものこだわり（たとえば、電車や路線図へのこだわりなど）も視点を変えれば「没頭」であり、将来の余暇につながります。

　また、幼児期の「不適応行動」の内在化（不安や抑うつといった内的な問題）や外在化（他害などの外的な問題）の少なさが、児童期以降の集団生活の質を高めることにもつながります。したがって、自尊感情を高めることや不適応行動に適切に対処することが、幼児期には重要です。このよ

表9-1　Vineland-Ⅱにおける領域と下位領域

領域	コミュニケーション	日常生活スキル	社会性	運動スキル	不適応行動
下位領域	受容言語	身辺自立	対人関係	粗大運動	内在化
	表出言語	家事	遊びと余暇	微細運動	外在化
	読み書き	地域生活	コーピングスキル		

用語　発達性協調運動症
　手と足、両足といった異なる身体の部分を同時に動かすことに困難がある障害のこと。協調運動の苦手さは、はしやハサミを使うこと、スキップをすることなど、微細運動や粗大運動に現れる。

うに、児童期以降の生活の質を高めるためにはどうすればよいのかといった長期的な視点から幼児期の課題を考えることが大切です。

2 | 障害特性に合わせた環境構成

　障害のある子どもにとってわかりやすい環境は、すべての子どもにとってわかりやすい環境であるということがいえます。たとえば、どこに何があるかわかるようにしたり、何をしたら次に何をするといった時間の管理などをわかりやすく示したりすることです。これらのキーワードは、「構造化」です。自閉スペクトラム症のある子どもの療育方法であるTEACCHプログラムでは、物理的構造化や時間的構造化（写真9-1）によって、子どもたちが落ち着いて主体的な行動ができることを目指しています。このような構造化の考え方は、定型発達児も含めた保育環境の構成を考えるうえでのヒントとなります。

　一方で、障害特性に合わせた配慮が必要な場合もあります。たとえば、自閉スペクトラム症の場合、一般的に視覚優位であるといわれています。聴覚からの情報よりも視覚からの情報のほうが伝わりやすいという特徴があるため、写真9-1のようなスケジュールを使用したり、タイムタイマー（写真9-2）を使ったりして終わりの時間を視覚化するといった配慮が有効です。注意欠如／多動症のある子どもであれば、注意を持続させることが困難であったり、衝動的な行動をしたりしますので、注意をそらす刺激が保育室のなかに多いと不注意傾向が強くなります。また、何をやるべき時間かわかっていない、やることがなくなっているといったことに

写真9-1　ある児童発達支援事業所のスケジュール提示の例

写真9-2　時間の終わりが視覚的にわかるタイムタイマー

※Time Timer社製の「タイムタイマー」

よって、多動性が増したりします。これらは、いずれも環境構成の問題と
とらえることができます。

3 ┃ コミュニケーションの支援

1 コミュニケーションの基礎

　障害の有無にかかわらず、コミュニケーションとは、言語・非言語の情
報を総合的にやりとりしていくことです。障害のある子どものなかには、
言語の遅れがある子どもが少なからずいます。支援で重要なのは、発達の
メカニズムを考えて、基礎となる**前言語的コミュニケーション**を支えるこ
とです。前言語的コミュニケーションとは、視線を合わせる、指差し、共
同注意、愛着といった、対人的相互反応（人への関心）が認められるコミュ
ニケーション行動です。これらは、何かを他者に伝えたいという意図の表
れですので、遊びを媒介として、これらの行動を促すことが大切です。特
にこのことは、対人的相互反応に質的障害がある自閉スペクトラム症の子
どもの保育では大切です。

事例 1 　ことばが急に成長したレンくん

　レンくんは、4 歳の男の子です。1 歳 6 か月児健康診査では、ことば
がなく、簡単なことばもわかっていないようでした。視線が合いづらく、
あまり人に関心があるようにはみえませんでした。レンくんのお気に入り
の遊びは、新幹線のおもちゃを並べることで、いつも、1 人で黙々と遊ん
でいるようでした。2 歳頃に専門機関に相談をして、自閉スペクトラム症
であるとの診断を受けました。3 歳頃になると、だんだんとテレビの CM
のことばをひとりごとで言うことが多くなってきました。また、指差しは
しませんが、大人の手をとって、欲しいもののところに連れて行く行動が
みられるようになってきました。すると、大人に対して、単語で欲しいも
のを伝えるようになってきました。1 歳の頃は、お母さんから離れていっ
てしまうことが多く、登園のときもあっさりとお母さんから離れていたの
ですが、最近では登園の際にお母さんから離れられなくなったことが課題
です。

　自閉スペクトラム症のある子どもの場合、事例 1 のような発達過程を
たどることがよくあります。ポイントは、要求行動にていねいに対応した
り、要求したくなる場面を意図的に構成したりすることです。自閉スペク

用語　前言語的コミュニケーション
　ことばによるやりとり（言語的コミュニケーション）が出現する前に現れるコミュニ
ケーションの総称。視線を合わせること、共同注意、指差しなどの他者を意識したコミュ
ニケーションであり、言語的コミュニケーションの基盤となる。

トラム症のある子どもがもっている独特の一人遊びの世界観に寄り添いながら、前言語的コミュニケーションを育てていくことが大切です。

▶2 子どもへのことばかけ

　子どもへのことばかけは、障害のある子どもでも、定型発達児に対するものと変わりはありません。子どもにとってわかりやすいことばを、ことばだけではなく、視線・表情・情緒などの非言語的コミュニケーションとともに伝えることが、豊かなコミュニケーションです。一方で、なかなかやりとりになることが難しい子どももいます。

　たとえば、自閉スペクトラム症のある子どもの場合、人への関心が低かったり、多動であったりすることでやりとりになりづらいことも多くあります。前項でも述べたように、独特の世界観に寄り添うことが大切ですので、たとえば、好きなこと（電車であったり、何かのマークの話など）を話題の中心として会話を展開したり、ことば遊びのようにやりとりをすること（決まりきったやりとりを繰り返すようなこと）などができます。自閉スペクトラム症に限らず、障害のある子どもへのことばかけについては、インリアル・アプローチ（表9-2）が参考になります。大切なのは、大人側のことばかけを工夫することで、子どもとの間でターンテイキング（やりとり）が生じることです。

　集団のなかで行動することが苦手であったり、ほかの子どもに手が出たりといった行動がある子どもは、大人から叱責を受ける可能性が高くなります。子どもがしてはいけないことをしたようなときに、「ダメ」「なんでそんなことするの」「この前もそうだったよね」といったことばかけは、子どもにとって非常に伝わりづらいものとなります。大切なのは、そのときに「何をすべき」であるかを伝えることです。「～をすればよかったね」

表9-2　インリアル・アプローチにおける大人のことばかけの種類

技法	内容
ミラリング	子どもの行動をそのまままねる。
モニタリング	子どもの音声やことばをそのまままねる。
パラレル・トーク	子どもの行動や気持ちを言語化する。
セルフ・トーク	大人自身の行動や気持ちを言語化する。
リフレクティング	子どもの言い誤りを正しく言い直して聞かせる。
エキスパンション	子どものことばを意味的、文法的に広げて返す。
モデリング	子どもに新しいことばのモデルを示す。

出典：竹田契一・里見恵子編著『インリアル・アプローチ──子どもとの豊かなコミュニケーションを築く』日本文化科学社、1994年、15頁

 用語　インリアル・アプローチ
障害がある子どもの主体性を重視しながら、コミュニケーションを促す米国発祥の療法。大人は、①静かに見守る、②観察する、③理解する、④傾聴することを大切にして子どもと関わる。言語心理学的技法とよばれる複数の大人の声かけの種類がある。

「〜って言うんだよ」といった、すべきことを伝えることばかけができることは、子どもの二次障害の防止にもつながります。

■3■ 環境の理解の支援

　言語的コミュニケーションを促すためには、第1項のような子ども自身の「伝えたい」という気持ちを育てるだけでは足りません。障害のある子どもを支援するうえでもう1つ重要なのは、周囲の環境にある情報をどのように取り込むことができるかについて、支援することです。

　たとえば、盲児であれば、聴覚刺激による入力だけではなく、触覚・嗅覚を含めた情報保障の必要があります。音声言語という抽象性の高い能力の獲得の前段階として、視覚以外の感覚を使って周囲の環境をより直接的・具体的に理解する段階が必要です。そういった意味では、乳児保育における子どもの経験のしかたとつながる面があります。また、第2節の環境構成で述べたように、「構造化」することは、自閉スペクトラム症のある子どものような、障害特性のある子どもにとって、より環境を系統立てて理解する助けになります。このように、子どものコミュニケーションを促すためには、周囲の環境にある情報をどのように子どもに伝えるのかという点を考えていく必要があります。

　情報を伝えるという意味では、指示をする際のことばかけは重要です。ことばを理解することが難しい子ども、保育者に注意を向けることが難しい子どもにとっては、ことばの指示だけでは伝わりにくいことが多くあります。ことばは音声情報ですので、聞いたあとに情報が残りにくいという特徴があります。そのような場合は、視覚情報を付加して伝えることで、伝わりやすくなることがあります。

　視覚情報のわかりやすさは、①具体物→②写真→③イラスト→④文字の順番で抽象度が上がっていきます（②と③のわかりやすさは子どもの特性や経験によるところが大きい）。指示をする際には、その子どものわかりやすい視覚情報を付加してことばで伝えるといった、ていねいな関わりが必要です。

■4■ 表出手段の支援

　コミュニケーションの支援でもう1つ重要なのは、表出の手段を支えることです。障害や発達段階によっては、言語的コミュニケーションによる表出が難しい場合もあります。近年では、医療的ケアを受けている子どもが保育所に入所することが散見されるようになってきました。医療的ケア児の多くは重症心身障害があるといわれ、複数の疾患が合併していることが多くみられます。また、表出手段が限られていることが多いため、子どもから発信される微細な行動をコミュニケーションの手段としていく必要があります。たとえば、VOCA（Voice Output Communication Aid）と呼ばれる機器を導入したり（写真9-3）、視線入力（対象者の視線を画面上で追従することによって、視線によるマウス操作が可能となる）といったICT（Information and Communication Technology）機器を導入し

写真 9-3　VOCAの一つである
トーキングエイド

AMDi社製のVocaの一つ。上部（カードの部分）
を押すとあらかじめ録音した音声が流れるしくみ。
「はい」「いいえ」などの意思表示が可能になる。

たりすることなどは、特別支援学校では積極的に行われています。ICT機器の導入も、これからの時代には表出手段の支援方法の重要な一角を占めることになるでしょう。

　このような機器でなくとも、絵カードを使った指差しによるコミュニケーションなどは、療育のなかでは代表的な支援方法です。視覚優位の子どもはもちろんのこと、言語的コミュニケーションに課題がある多くの子どもにとっては、有効な表出手段となります。まずは、子どもが伝えたくなる行動（要求行動）を、絵カードで表出することを目指します。その後、表出のバリエーションを増やす段階を経て、大人側の意図を伝えるといった相互のやりとりへと展開させていきます。

4 ｜ 長期的な視点からみた関わり

1 二次障害の防止

　もともとある障害に対して、環境との相互作用のなかで形成されていく二次的な困難のことを二次障害といいます。児童期であれば、大人への反抗・暴力、暴言・不登校などが現れることがあります。さらに、青年期になると、うつ病・不安症・摂食障害といった精神疾患も症状として現れてきます。齊藤（2009）は、**発達障害**（→巻末133頁参照）のある子ども・大人の二次障害の出現について、図 9-1 のようなモデルを提示しています。

　この図からわかるように、叱責はさらに対応が難しい行動の原因となっています。幼児期であれば、保護者や保育者からの強い叱責がそれに該当します。

図 9-1　二次障害の出現モデル

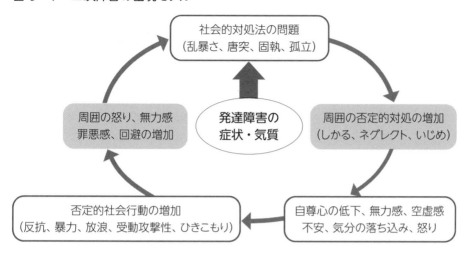

出典：齊藤万比古編著『発達障害が引き起こす二次障害へのケアとサポート』学習研究社、2009年、27頁を一部改変

事例 2　**保育所を振り返るユウスケくん**

　ユウスケくんは14歳（中学校 2 年生）の男子です。5 歳のときにアスペルガー障害（現在の自閉スペクトラム症）と診断されました。保育所では当初母子分離が難しく、午前中は泣いている時間が非常に長かったといいます。また、突然の予定の変更などがあるとパニックになりました。特に嫌いだったのはさまざまな行事です。運動会では、保育所自体に入ろうとしませんでした。保育者が手を引っ張ってなんとか入ったのですが、帰りたいと言って大泣きをしたといいます。また、年長児クラスのときの保育者は大変厳しかったようで、毎日のように家で「先生が怖いから行きたくない」と言っていたそうです。当時のことを振り返ったユウスケくんは、「とにかく、みんな（保育者が）怒っていた」「誰も話を聞いてくれなかった」「だから、先生ってのは……」といったことを話していました。小学校ではいじめを受けるなどが重なり、不登校を経験しました。

　事例 2 のように、青年期になり幼児期のネガティブな体験を語る人がいます。保育者は、まずは、よかれと思ってしていることばかけが単純な叱責になっていないかについて見直す必要があります。

　叱責は、「ダメ」であることを伝えることばかけですが、重要なのは、今やるべきことは何かということを伝えることばかけです。また、行事などに無理に入れようとすることも問題です。行事にほかの子どもと同じように参加することが、その子どもの目標として適切であるのかを考える必要があります。たとえば、ほかの子どもがやっていることを見るのが目標となる子どもであれば、仲間に入れさせるための叱責は意味がないことになります。

▶2 セルフ・アドボカシー・スキル

　セルフ・アドボカシー・スキルとは、自分の権利を擁護する能力のことで、自分がどのように生活したいのかということを主体的に表明するといったことを指します。この能力は、レッスン4で述べた「合理的配慮」を受けるために必要な能力となります。具体的には、自分の困っていることや何をしたいのかということを伝えたりすることなどです。幼児期・児童期には、ともすると「がんばること」が目標となり、「できない」と言えない状況が生まれやすくなります。このように考えると、幼児期から他者に対してSOSを出せるということは、大きな力となります。「がんばって」ということばかけだけではなく、子どもが「できない」と言えることや、他者の助けを借りることができる力を育てるのも長期的には意味のあることとなります。

> ### ワーク
>
> 　次の2つの課題を小グループに分かれて話し合ってみましょう。
> ①園で行っている構造化にはどのようなものがあるでしょうか。また、もし視覚優位の自閉スペクトラム症のある子どもを担当したとすると、保育室の環境、保育内容のどのようなところに構造化できる工夫が考えられるでしょうか。
> ②二次障害につながるかもしれないことばかけや支援は、その場ではなかなか気づかれなかったり、迷いがあったりするものです。二次障害につながる可能性のある対応とはどのようなものであるか、話し合ってみましょう。

レッスン 10

障害のある子どもと
他の子どもとの関わり

自閉スペクトラム症
の子どものこだわり
もまわりの子どもに
とっては遊びとなる。

ポイント

1 保育者が障害のある子どもの行動の背景を理解することが大切である。
2 他の子どもの障害観は保育者の子どもへの対応で決まってくる。
3 他の子どもの保護者にどのように説明するかを考えることが重要である。

1 │ 他の子どもとの関係の支援

1 人間関係の広がりの発達段階

　定型発達の子どもの場合、乳児期に特定の大人と密接な関係をつくります。他者の表情を読み取って自らの行動の判断基準とする社会的参照や、特定の対象（大人）に対する特別な情緒的つながりである愛着が、その代表であるといえます。通常、生後 6 〜 7 か月頃になると、人見知りや後追いといった行動がみられ、特定の対象がいなくなると不安が喚起されるといった行動が形成されていきます。このように、大人との密接な関係ができたあとに、不特定多数の大人との関係、他の子どもたちとの密接な関係ができあがっていきます。

　多くの障害のある子どもも、ほぼ同じ発達過程をたどっていると考えられます。一方で、**自閉スペクトラム症**（→巻末133頁参照）の子どもの場合、必ずしもこの過程にあるとは限りません。以下は、自閉スペクトラム症者が書いた幼児期の回想の一端です（森口、1996）。幼稚園に入った頃の回想として、定型発達児にとっての「親」とは異なる「親」が描かれています。

幼児のころの私には、「親」という概念がぜんぜんなかったらしい。普通は親に寄り添ったり抱かれたりすると限りない安心感で満たされるものらしいが、親を愛したとか甘えたとか、そういう経験がまるで思い出せない。

　普通の子なら身を守るための、無意識の本能ゆえか、ある時期にはよく人見知りをするものだが、私の場合は、興味の向くまま、見も知らぬ赤の他人だろうが子どもが怖がる大きな野犬だろうが、見境もなくとことこついていってしまったらしい。

　ある日のこと、母が大きな緑の紙を広げ、そこに鉛筆でなにかを描き始めた。私は家でも母をてこずらせることが多かったが、なにか面白いことが始まりそうで、様子を眺めることにした。
（中略）

　そこにはアニメのキャラの「孫悟空」の絵が、ものの見事に描かれていたのである。そして、エアブラシを使って、型紙を置き換えながら、私の大好きなお星様を、孫悟空の頭上にいっぱい散りばめてくれた。

　つぎつぎ現れる星の姿はまるで手品のようで、このときに生まれて初めて、私は「母」を認識した。そして、その母を、とても好きになった。それまでは母の存在など、まったく眼中になかったのだ。

　このように、子どもの「興味・関心」が共有されることをとおして、人間関係が広がっていることがわかります。この例はあくまで森口の体験ではありますが、このようなことは多くの自閉スペクトラム症の子どもにもみられることです。保護者や保育者だけではなく、他の子どもとの関わりが成立していく過程においても「興味・関心」を共有することが重要です。

　また、自閉スペクトラム症の子どもは、「興味・関心」が限定されているため、その世界を壊されることは、その場所や集団への嫌悪感情に直結していきます。その子どもの「興味・関心」が守られることが重要であり、まずは保育者がその世界を共有すること、そしてその先に、自閉スペクトラム症の子どもが周囲の子どものやっていることに興味を広げる段階を「待つ」ということが大切であるといえます。なぜなら発達段階に合わせず、無理に遊びを提供することや、他の子どもとの集団遊びに入れることは、二次障害（→レッスン9を参照）につながっていくからです。無理に集団に入れようとすると、集団自体に恐怖を感じるようになったり、特定の人（保育者）との関わりに強い拒否を示したりといったことが起こります。さらには、夜尿が多くなる、チック症状が出るといった心理的な問題につながる可能性があります。

　障害のある子どもは、ことばを使って主張していくこと、他の子どものことばを理解したり、意図を理解したりすることに困難をもつことが多くあります。保育者の役割としては、障害のある子どもの意図を言語化して他の子どもに伝えることや、他の子どものことばや意図をわかりやすく伝

えることが求められます。

　また、他の子どもにとって、障害のある子どもの意図は伝わりにくい面があります。その伝わらなさは、他の子どもにとって「疑問」に変化していきます。また、児童期になって、その「疑問」が、性格が悪いからといった内的特性に帰属されると、いじめへと発展していきます。このような長期的な視点を踏まえて、幼児期から他の子どもたちが、障害のある子どもの行動の意図を理解していくことは大切です。

2 問題となる行動の理解

　保育の場では、障害のある子どもが問題となる行動をすることがあります。大切なことは、ここで言うところの「問題」とは、誰にとっての「問題」であるかということです。たとえば、ある子どもが壁に頭を打ちつける行動をしていたとします。これは、保育者にとっては「問題行動」となるでしょう。しかし、子どもの側からすると、遊ぶことがなくなっており、自分に刺激を与えるという合理的な行動という意味づけになります。このように、「問題行動」はとらえる人の視点によって意味が異なってくることを前提に、子どもを理解することが求められます。

　それでは、以下の事例の子どもの行動は、どのように理解できるでしょうか。

事例 1　他の子どもを叩いてニコニコするツトムくん

　ツトムくんは、3 歳の男の子です。話す単語は、「ママ」「ブー（車）」「や（嫌）」など一語文がほとんどです。ことばの理解もゆっくりで、簡単な指示はわかっているようではありますが、従うかどうかは気分によって異なるようです。

　最近のお母さんの困りごとは、ツトムくんが生まれたばかりの妹を叩くことです。お母さんが妹をなでていると、ツトムくんが突然、妹の顔を平手で叩きました。また、他の子どもを叩くことも保育所では多くなってきました。この前は、クラスの他の子どもを片っ端から叩いて走っていきました。それを見た保育者は、ツトムくんを抱え上げながら、少し強めの口調で「叩かないのよ！」と言いました。ツトムくんは、そんな保育者を見てニコニコしています。

　このとき、「ツトムくんには他の子を叩いてはならないという、正しいことを伝えるべきだ」という考えだけでは、問題の解決になりません。「問題行動」は、起こっている行動に対して対処的に対応するだけでは問題が複雑化することがあります。

　行動分析の考え方は、子どもの行動を理解するための手だてになることがあります。その考え方のなかでも ABC 分析は、知的に重度の障害のある子どもや自閉スペクトラム症の子どもの行動理解の参考となります。ABC 分析の A は先行事象（行動の前に起こったこと）、B は実際に起こった行動、C は結果事象（B に続く周囲の行動など）を指します。この 3 つ

の視点から記述をしていくと、どのような場合に行動が起こるのかという関連性が見えてくる分析です。先の事例であれば、保育者が叱責するという行動（C）が子どもには楽しく（自分に関わってくれるので）、次の行動への引き金となっていると理解することもできます。行動分析では、①問題行動には目的（機能）がある、②行動にはコミュニケーションの意図がある、③行動は連鎖している（行動は場面の文脈に依存しており、単独では起こらない）という3つの視点から行動をとらえています（デムチャック＆ボサート、2004）。他の子どもに対する問題行動についても、分析的な見方でとらえていく必要があります。

2 ｜ 他の子どもの理解

　障害のある子どもを、他の子どもにどのように理解してほしいのかという視点を保育者がもつことは重要です。

> **事例 2**　助けられることに慣れたサクラちゃん
>
> 　サクラちゃんは、5歳の女の子です。ダウン症（→巻末133頁参照）にともなう重度の知的障害があります。サクラちゃんは、1歳のときから保育所に通っています。
>
> 　年長児クラスになってくると、他の子どもたちは言葉だけでかなりやりとりをするようになってきました。一方でサクラちゃんは、二語文が中心の発達段階にあります。行動は全体的にゆっくりですが、着実にこなしていくという堅実なタイプの性格なのかもしれません。年中児クラスの頃から、着替えのときに他の子どもたちが手助けしてくれるようになりました。「こっちが前だよ」「ちがーう、逆」などと言いながら、まるで保育者がするように手助けをしています。年長児クラスになると、数人の女の子がまるでお世話係のように関わるようになりました。サクラちゃんは、ときどき自分でやると言うかのように拒否しますが、まんざらではない様子です。お世話係の女の子たちも「先生みたいでしょ」と言いながらうれしそうにお世話しています。

　事例2のように、発達がゆっくりであると、他の子どもが手助けをしてくれるということが起こります。これは、見方によっては他の子どもたちの優しさと受け取ることができますが、一方では、障害のある子どもが助けられることに慣れてしまい、自主性が損なわれるといったことも考え

 行動分析
　心理学者のスキナー（Skinner, B. F.）に始まる、人間の行動を理解する分析法の一つ。行動分析の考え方は、SST（生活技能訓練）などに大きな影響を与えた。また、ABA（応用行動分析）は多くの障害のある子どもの療育・教育で使われている。

られます。

　保育のなかで、障害のある子どもと他の子どもとの関係をみる視点として、3 つ提示したいと思います。第一は、「支援する―される関係」です。これは、事例 2 のように、役割が固定化してしまう関係です。事例 2 のような自主性の低下といった課題ももちろんありますが、その他にも、支援者側の見方が一面的になる可能性があります。つまり、他の子どもにとって、この子は助けられるべき「弱い」子であるという認識になってしまうことです。当然ながら、障害のある子どもは、強みや弱み、性格など、さまざまな要素で構成された 1 人の人間です。それが「助けられるべき子ども」といった 1 つの側面でまとまってしまわないように、保育者が、障害のある子どもの多様な面を言語化したり、「見える化」したりする場面をつくる必要があります。

　第二は、他の子どもの疑問への対応です。他の子どもは、障害のある子どもの行動に疑問をもつことがあるかもしれません。たとえば、「この子はなんですぐに叩くの？」といったことです。このような疑問に、どのように答えるかによって、その子どもの、障害のある子どもへの理解が変わってきます。また、このような疑問を出すときは、他の子どもにとっては「困っている」というサインですから、そのこととどう関わればよいのかということを、保育者が伝えることも大切です。

　第三は、保育者の対応がモデルとなることです。他の子どもたちは、保育者が障害のある子どもに行っている対応をよく見ています。障害のある子どもへの叱責を保育者が多く行えば、他の子どもにとって、障害のある子どもは「叱責されるべき子ども」になっていきます。第二の場合と同様に、保育者が障害のある子どもの多面性をみせる場面（障害のある子どもの得意なこと、できること、集団の前で褒められる体験など）をつくっていくことが重要となります。

3 ｜ 他の子どもの保護者への対応

　子どもたちが障害のある子どもに対して抱く疑問には、さまざまなものがあります。身体的な特徴に対する率直な疑問（たとえば、「なんで歩けないの？」など）や内的特性に帰属させた疑問（たとえば、「なんで、いつも意地悪なの？」）などです。この疑問の答えが、その子どもにとっての障害のある子どものイメージ、ひいては障害観をつくります。図 10 - 1 には、障害のある子どもを取り巻く疑問への答えの構図を示しました。

　この図からもわかるように、他の子どもがどう障害のある子をとらえるかについては、必ずしも保育者だけが影響を及ぼしているのではなく、その子どもの保護者も影響を及ぼしています。したがって、保護者が家庭で子どもの疑問をどのように受け止めて、答えを返しているかということが、保育現場での実際の子どもたちの関係に影響します。たとえば、家で子ど

図10-1　障害のある子どもを取り巻く疑問の構図

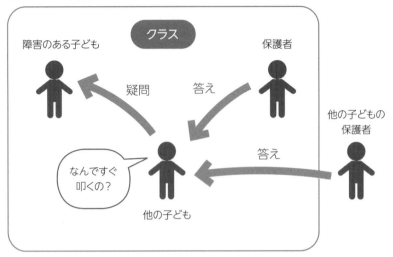

もが「なんでアキラくんは歩けないの？」と言ったことに対して、保護者が「かわいそうだから、そういうことは言っちゃだめよ」と答えたとします。すると、子どもは、アキラくんはかわいそうな存在であること、歩けないことは人前で言ってはいけないことを学習します。

　障害のある子どもと、その保護者の意向を第一にしながら、他の子どもの保護者にどのように説明すべきかということを考える必要があります。説明の内容として、診断名は伝えるべきなのか、状態のみを伝えるべきなのか、保護者が自分の子どもにとってほしい対応を伝えるべきなのかといった視点が考えられます。また、伝え方という視点で考えると、保護者会でクラス全体に伝えるべきなのか、障害のある子どもにとって関係の深い子どもの保護者にのみ伝えるべきなのか、といったことが考えられます。いずれにおいても障害のある子どもの保護者と相談しながら、そのつど選択していく必要があります。

　以上のような周囲への説明については、あまり学術的な知見が積み重なっていない状況にあります。学齢期以降を想定していますが、相川・仁平（2005）は、障害のある子どもについて、他の子どもたちにどのように説明できるかということを、12の要素にまとめています。表10-1には、それらの12の要素を示しました。このことは、まわりの子どもの保護者にどのように説明すべきかという視点につながりますので、大変参考になる知見です。

表10-1　まわりの子どもに障害のある子どものことを説明する要素

①障害名あるいは「障害」という表現
②障害の原因
③その子の状態や抱えている困難
④障害のある子自身の気持ち・親の気持ち
⑤その子が特別な存在ではないこと
⑥周囲に起こりがちなマイナスの反応
⑦その子に対してどう振る舞ったらよいか
⑧障害のある子のポジティブな側面
⑨障害のある子の将来の目標
⑩周囲が協力・サポートできることの内容
⑪その子への教育的処遇・家庭での対応とその理由
⑫今後の変化・進歩・改善の見込み

出典：相川恵子・仁平義明『子どもに障害をどう説明するか――すべての先生・お母さん・お父さんのために』ブレーン出版、2005年、9頁をもとに作成

ワーク

次の2つの課題を小グループに分かれて話し合ってみましょう。
①さまざまな障害のある子どもについて、まわりの子どもたちはどのように関わっているでしょうか。また、障害特性、診断名、年齢の違いによって、まわりの子どもたちの関わり方にはどのような違いがあるでしょうか。
②障害のある子どもの保育をとおして、どのような問題行動と出合ったでしょうか。問題行動が増加したケース、減少したケースそれぞれについて、どのようなことを行った結果として増減したのか話し合いましょう。

第 3 章

家庭および
関係機関との連携

　障害のある子どもの保護者に対する保育所における支援の第一は、その子どもが保育所で認められ、大切にされ、必要なサポートを受けながら楽しく過ごせることの担保にあります。また、保護者がその子どもを育てるうえで、どのような語り切れない思いを抱いているのかをイメージし、サポートしていく謙虚な姿勢が求められます。また、子どもと家庭がもつ複合的な問題に対して、地域の関係機関との有効な連携が求められます。それらを整理したものが「個別の支援計画」で、次の支援機関に引き継いでいくものです。

保護者・家族の理解と支援

保護者の心情を理解し、保護者がガードを張らずに相談できる存在になれるよう支える。

1 障害のある子どもの保護者支援に関する5つの問い

　「障害のある子ども・気になる子どもの保護者対応で最も困ることは？」と保育者に聞くと、必ず出てくるのが「保護者が子どもの障害を認めたがらない」「専門機関に行ってくれない」という声です。そこには、保護者がわが子の障害を認めなければ、保育者の加配などの措置がとれないなどの、システム上の問題があったりするのかもしれません。しかし、保護者が子どもの障害を認めなければ、そこで子どもへの支援は止まってしまうのでしょうか。

　このレッスンでは、次のような疑問に向き合い、考えてほしいと思います。

①保育者としてやらなくてはならないことは、保護者に子どもの障害を認めさせて専門機関につなぐことなのでしょうか。
②保護者が子どもの障害を認められないのは、どうしてでしょうか。それは「保護者のせい」なのでしょうか。

③保護者が子どもの障害を認めないときに、保育者として、保育所として、できることは何でしょうか。

④保護者が、保育者や保育所に対して心から願うことはどのようなことでしょうか。

⑤保護者が信頼する保育者とは、どのような保育者でしょうか。

子どもを理解しないと適切に保育できないのと同じように、保護者を支援するためには、保護者を理解することが必要です。ですからまずは、保護者を理解するための手だてを考えます。

2 ┃ 障害のある子ども・気になる子どもの保護者の心理

ひと口に「障害」といってもさまざまです。妊娠時から障害が予測されていた子ども、出生時に何かのトラブルがあり、後遺症としての障害がある子ども、**ダウン症**（→巻末133頁参照）などのように**出生直後に診断**される子どももいれば、保育所入園時には誰も予想していなかったけれども、成長するとともに障害の様相が強くなり診断される子どもや、事故や病気などの後遺症としての中途障害もあります。保護者一人ひとりに大きな重いストーリーがあり、もちろん子どもが乳幼児期の間は、そのストーリーは完結していません。この子の将来はどうなるのかという、大きな不安を抱えての子育てかもしれません。「この子の将来を考えると死にたくなっちゃうから考えません」と言っていた保護者もいました。そのような保護者の思いや経験を、一人ひとりていねいに聞きとる必要があります。しかし、その思いを率直に語らない（語れない）保護者もたくさんいます。そもそも保育所はカウンセリングの場ではありませんから、思いを聞く機会も限られるでしょう。しかし、一般に保護者はどのような思いに駆られるのかを知っておくことは、カウンセラーではない保育者にとっても意義のあることです。

1 原因探しと自責の念

知的障害や**発達障害**（→巻末133頁参照）など、特に原因が特定されない障害の場合、保護者は、子どもの障害の原因をつくったのは自分ではないかという自責の念に駆られます。「妊娠時に階段から落ちたことがあり、それが原因では」とか、「おにいちゃんに手をとられて、赤ちゃんの頃にあまり手をかけられなかったからいけなかったのかも」など、答えの出せない問いを何度も繰り返す保護者に、筆者はたくさん出会ってきました。

用語 **出生直後に診断**
現在、ダウン症は新型出生前診断といって、妊婦の簡便な血液検査により高い確率で胎児がダウン症であることがわかるとされている。

また、中途障害の場合は、自責の思いはより一層強くなります。「あのときああしていれば、この子を病気や事故に遭わせずに済んだのに」という思いにさいなまれるのです。なお、自責の念は、ダウン症のような染色体異常の場合、つまり保護者のせいではないことが自明の場合でも、「健康に産んであげられなかった」という思いとして語られることがあります。

２　親としてのアイデンティティが脅かされる

　親子関係は、親と子どもの相互交渉を土台に育まれます。しかし、子どものもつ障害や発達の特性のために、親が親として子どもへの適切な対応を学ぶのが難しいことがあります。たとえば、一般的には０歳の頃から、子どもは親と目を合わせ、親の顔を見て心から笑い、親を目で追い、声で呼び、いないと泣き、後追いをし、教えなくてもまねをします。これは子どもが生まれながらにもっている対人関係能力が土台となっています。無力なまま生まれる人間の子どもは、養育者のまなざしを自分に向け、養育行動を引き出す能力をもって生まれてくるのです。親はそうした子どもの反応を見ながら、どうしたら子どもが喜ぶのかを学びます。しかし、自閉スペクトラム症や知的障害のためにこうした能力に制限があったり、視覚障害や聴覚障害のある子どものように、一般的なコミュニケーションがとりにくい場合、親は子どもに何をしてあげればよいかわからなかったり、反応の乏しいわが子とコミュニケーションをとることが少なくなったり、自分は親として不適格ではないのかと悩んだりします。ある母親は、「この子は私のことを母親だと思っていないんです」と言っていました。喜びの感じられない親子関係のなかで、親は親としての不全感を深めていくこともあります。

３　子育てのなかの傷つき

　前項で述べたように、親は自分の子どもとの相互作用のなかでも傷つくのですが、まわりの人たちとのやりとりでも大きく傷つくことがあります。まず、自分の子どもとほかの子どもとをどうしても比較してしまいます。また、原因のわかりにくい障害の場合は、まわりから育て方のせいにされることもあります。多動な子どもと一緒に電車に乗ると、親は、まわりからの視線がとても苦痛だと言います。祖父母からは「うちの家系にはこんな子どもはいなかった」などと言われることもあります。

　また、専門家が必ずしも味方だとは限りません。日本の子育ての専門家といわれる人たちのなかには、まだまだ障害に関する理解が乏しい人もいます。そうした人たちから、ことばが遅いことを「話しかけが足りない」と言われ、子どもにたくさん話しかけるようにしたら、余計子どもが自分から逃げていくようになった、と語る母親もいました。また、「スキンシップをとるように」と専門家に言われ、がんばってだっこしようとしても、子どもは逃げていってしまうと嘆いた母親もいました。そうしたことが重なって、精神的にダメージを受けたり、家から出られなくなってしまう母親もいます。

■4■ 障害受容の困難

　障害受容が困難なものであるのは、障害のある子どもの保護者と付き合ったことのある保育者なら実感として知っているでしょう。ではなぜなのでしょうか。

　障害受容の過程にはさまざまな仮説があります。代表的なものの一つは、段階説です。この段階説にもいろいろと説がありますが、最も一般に知られているのは、障害がわかったときにショックを受け、その後否認、悲しみと怒り、適応、再起と段階を踏むドローターの段階説です（図11-1）。しかしこれは、「先天的な奇形のある子どもの親」という設定ですから、成長とともにしだいに明らかになってくる知的障害や発達障害の子どもの親は、これとは異なる過程であるという見方もあります。

　また、オーシャンスキーは、障害受容の過程のなかで、親は常に悲哀を抱えているという「慢性的悲哀」の概念を提唱しました。これは、障害受容を、いずれ「適応」という段階に達するものとしてとらえるのではなく、一生涯気持ちの浮き沈みを繰り返しながら、寄せては返す波のように続く過程であり、その過程の根本には、常に「悲哀」があるというとらえ方です。

　実際には、1人の親のなかに段階説にあたる心的過程と慢性的受容の概念にあたる悲哀がみられることもあり、どちらか1つの過程というものでもありません。

　また、こういう説を紹介すると、障害受容とはあくまでも個人内の心的過程であるように受け取られがちですが、実際には障害受容の過程には、保護者を取り巻くソーシャルサポートや、障害を告知する際の医師の態度なども影響することがわかっています。もし日本に障害のある子ども・大人への差別がまったくなく、社会がすべてにおいてバリアフリーで、就学や就労に関しても平等公平な社会であれば、日本に住む保護者の障害受容の様相や困難さはかなり違っていることでしょう。つまり、現代日本の保護者の障害受容の困難さは、そのままこの社会の障害のある子ども・大人

図11-1　ドローターの段階説

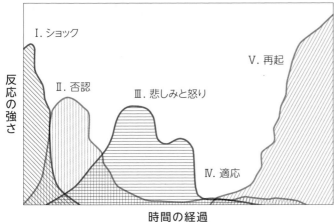

出典：中田洋二郎「親の障害の認識と受容に関する考察——受容の段階説と慢性的悲哀」『早稲田心理学年報』27、1995年、83頁をもとに作成

へのスティグマの強さを示しているのです。

　保護者の人生に関わる人間は、その保護者の障害受容の過程に自分たちの姿勢や行動が強く影響しているということを自覚し、謙虚に保護者の思いに耳を傾ける必要があるのではないでしょうか。

5　傷つくことを恐れてのガード

　ここで少し想像してみましょう。自分が障害のあるかもしれない子どもの母親か父親だったら、そして、毎日の育児に疲れ、子どもの成長に希望をもてず、これまでもさんざんまわりの人たちから心ないことばを投げかけられてきたとしたら、自分だったらどのようになると思いますか。

　最も陥りがちなのは、これ以上傷つけられないように、まわりに対してガードを張るということではないでしょうか。

　子どもの障害にかかわらず、人は自分がひどく苦しんでいることを容易には他人に開示できないものです。その苦しみに他人が近づくと、ますます自分が傷つく可能性が高いからです。そういった保護者が保育所には実はたくさんいるのではないでしょうか。そうした保護者を、保育者はよく「子どもの状態に気づいていない」とか、「子どもの状態をみようとしない」と評します。しかし、「気づいていないふり」「気にしていないふり」という形は、よくとりうるガードのあり方です。ですから、それに気づかずに保育者が現実に直面させようとすると、保護者のガードはますます強固になります。保護者にガードを張らせているのは、実は保育者自身かもしれません。

> **事例**　**相手を試す保護者**
>
> 　3歳児健康診査にやってきたみちおくんは、大変多動な子どもでした。走り回りながら保健師とままごとをするみちおくんを見ながら、母親は心理師に対して「私は若い頃は保育士になろうと思っていたんです。でもこの子が生まれてから実は子どもが嫌いなんだと気がつきました」と言い、「ハハハハハ！」と明るく笑ってみせたのです。それを聞いた心理師は、この母親はこの子の育児に傷ついてきたということに気づき、「よく動くお子さんは知らない人間には警戒をすることが多いのに、はじめて会った保健師とこんなに楽しくやりとりできるのは、お母さんとの関係がよいからではありませんか？」と投げかけました。すると、母親の表情が変わり、ポロポロ涙を流しながら、実は子どもが自閉症ではないかとずっと恐れていたこと、いろいろと調べてみたら当てはまることがたくさんあったけれど、怖くてどこにも相談できなかったことを話し始めました。

　人は本当につらいこと、苦しいことはなかなか他人に開示できません。

 スティグマ
　他者に対してネガティブなレッテルを貼りつけること。また、そのレッテルそのものを指す。烙印。

しかし、一方では苦しいからこそ救いを求めています。苦しいことを開示するためには、「この人は私を傷つけない人だ」という確信が必要です。そのために、相談の場でも保護者はいろいろな試しを行って、相談相手が開示できる人かどうかを確かめます。

6　障害のある子どもと虐待

　障害のある子どもの特性のために、適切な親子関係を築いていくことが難しい場合があることを前述しました。筆者もしつけのしづらさに悩み、「どうせこの子は私の言うことなんて聞かないんです」と、しだいに放任に追い込まれていった保護者や、「この子はこうして体に言い聞かせないとダメなんです」と、身体的な虐待にエスカレートしていった保護者に出会ったことがあります。

　特に発達障害のある子どもに関しては、障害の認識と診断がほかの障害よりも遅れがちで、しつけの問題にみえるところから、こうしたマルトリートメント（不適切な養育）に陥ることが多く、そればかりか、マルトリートメントを受けた子どもは、より一層発達障害様の行動障害が増悪するために、ますますマルトリートメントも昂じていくという悪循環になりがちです。ただ、保育所などではどうしても「この親だからこの子ども」と、親の不適切な養育行動が子どもの問題行動の原因というふうにとらえられがちです。保護者自身が、子どものもつ障害や特性に追いつめられてきたのだという見方をもつことが必要です。

7　「普通の家族」にみられたい

　これは一種のガードとも考えられますが、多くの保護者が口にすることです。「暗い顔なんてできない」「明るくしないと生きていけない」「まわりからあの家族は特殊と指を差されたくない」など、そこにはさまざまな思いがあると思いますが、保護者はいつの間にか「まわりにみせる顔」というものをつくっていくことが多いものです。保育所でみせる保護者の顔も、そうした「子どもと自分を守りながら生きていくために、必死でつくった顔」かもしれないのです。

3　障害のある子ども・気になる子どもの保護者を理解する

　筆者の出会ったある母親は、2歳になった自閉スペクトラム症のわが子とともに死のうと思って、遺書を書き置いて出かけたけれど、結局死なずに戻ってきた顚末を話してくれたあと、すでに数年たっているその事件を、「夫には話していない」と言っていました。また、筆者が子どもの療育を担当していたある母親は、療育を担当し始めてから数年たってはじめて、子どもが診断を受けた直後に、実家の母親（子どもにとっては祖母）から、「うちに連れて来るな」と言われたつらい思い出を、泣きながら語っ

てくれました。どちらもふだんはきわめて明るい母親ですが、明るい笑顔の後ろにこんな経験や思いを秘めていたのです。

　これらは、おそらく保育所では話される機会のない内容だと思います。それでは、保育者として、保護者を理解するとはどのようなことなのでしょうか、またそれはどのようにしたらよいのでしょうか。

1　子どもを育ててきた道のり、子どもとの生活をイメージする

　保育者の強みは、子どものことをよく知っているということです。そこで、その子どもの育ってきた道のりをイメージします。3歳で入所してきた子どもでしたら、1歳の頃はどんな感じだっただろう、2歳の頃は？と想像します。たとえば、この子どもだったら、歩き始めてからどこにでも行ってしまって、保護者は追いかけるのが大変だったかもしれないとか、ことばが遅れてとても心配だったかもしれない、過敏だから偏食にも苦労してきただろう、というようなことです。この子どもを育ててきた苦労とそのなかで親が味わった苦しみを、イメージのなかで追体験するのです（図11-2）。

　そのうえで、現在の親子の生活、家族の生活をイメージします。買い物

図11-2　保護者の生活をイメージのなかで追体験する

出典：市川奈緒子『気になる子の本当の発達支援』風鳴舎、2016年、107頁をもとに作成

のときは？　食事のときは？　朝起こすときには？　お風呂に入れるときには？　寝かしつけるときには？　と具体的に想像します。これは、保育所での子どもの様子や保護者の様子を知っている保育者にとっては、それほど難しいことではないはずです。保護者の「語らない、語れない年月や思い」に近づくために、これらは最も強力な手段になると思います。

▶2 ガードに気がつく

　傷ついてきた人は、自分たちを守るためにガードを張らざるをえないことを述べましたが、ガードの張り方は人によってさまざまです。保育者と目を合わさずに逃げるように帰って行ったり、面談を設定してもキャンセルの続く保護者は、見えやすいガードを張っている保護者です。しかし、いつもニコニコしていて、面談にもきちんと来て、保育者の言うことにも「そうですね、そうですね」と相づちを打つ、でもいっこうに動いてくれない保護者、これも一種のガードだと思います。園ではいつも明るい保護者を「気にしていない」「気がついていない」と考えがちですが、その明るさは保護者のみせる「外向きの顔」だということに気がつかないと、ガードに切り込んでいって、保護者を傷つけ保育者自身も傷つくということになりかねません。

▶3 保護者のせいにしない

　保育者が心がけたいこととして、これが最も重要なことかもしれません。「親がもっと変わってくれたら」というのは、子どもの味方である保育者としてはもって当然の思いですが、この思いにがんじがらめになると、保護者の思いに近づけませんし、解決の糸口もつかめません。まず、保護者の味方になれません。もし、保育者として、保護者に伝えたいことが伝わらないとき、それを保護者の理解のせいにするのではなく、それは伝える立場の自分がこの保護者を理解できていないからだと考えてみます。保育者であれ、誰であれ、保護者の生きてきた時間とそこで味わってきた思いのどこまでを知っているというのでしょうか。保護者には、保育者には計り知れない、どうしてもたどらざるをえなかった道のりがあって、そしてまた、保育者と異なり、保護者はこの先、この子どもと生きていく長い道のりがあるのだという、謙虚な思いに立ち戻ることが必要です。そこからみえてくるものがあると思います。

4 障害のある子ども・気になる子どもの保護者を支援する

▶1 子どもの支援が最も大きな保護者支援である

　ここまで保護者の計り知れないさまざまな思いにふれてくると、保育者は無力感に襲われてしまうかもしれません。しかし、保育者には強力な保護者支援ができます。そもそも保護者は、保育者や保育所に何を求めてい

るのでしょうか。それはおそらく、自分の話をじっくり聞いてもらうことや、共感してもらうこと以前に、何よりも子どもを大切に思い、よい保育をしてもらうことに尽きるのではないでしょうか。

　逆にいえば、このことができずに保護者支援はできません。なぜなら保護者が信頼を寄せる保育者は、子どもが大好きな先生、子どもにとってよい先生であるからです。

　子どもへの支援は、子どもに診断が下されたときから始めるものではなく、子どもが生活のなかで困っていると認識されたときから始めるべきものです。そして、保護者が「この保育者は子どものことを心から考えてくれている」と感じること、そして「この保育者は子どもを成長させる力と専門性をもっている」と認識すること、そのことが保護者から保育者への強固な信頼をつくります。

■2■ 保護者にとってガードを張らなくてよい存在になる

　実は、保護者から「子どものことを心から考えてくれる存在」「子どもを成長させてくれる存在」と認識されれば、保護者のガードはおのずから解かれていくものです。そこに気づかないと、何度面談を繰り返しても同じことの繰り返しになります。

　また、保育者は、保護者のここが変わってほしい、こうしてほしいと願うものですが、保護者も変わりたくても変われないジレンマを抱えています。保育者の「保護者に変わってほしい」という願いは、傷つけられてきた保護者にはどうしても「今のあなたではダメですよ」というメッセージとして伝わりがちです。保護者が本当に変わるのは、子どもの成長に希望がもてるようになったとき、そして、ガードを張らなくてもよくなったときです。

■3■ 専門機関を紹介するときには、そこに通うことのプラス面を伝える

　保育者はよく、専門機関を紹介しても保護者がなかなか行ってくれないといいます。実はそのようなときには、その理由を深く考えることが必要なのです。

　保護者の立場から考えてみましょう。子どもに問題があると言われた。そして、内容はよくわからないけれども、そうした「問題のある子どもたち」の通うところを紹介された。これでは、保護者は怖くて専門機関には行けません。保護者が専門機関に通おうと思うのは、「子どもに問題があると認識したとき」ではなく、「ここに通えば間違いなくよいことがありそうだと思ったとき」です。筆者は以前、市町村保健センターの健診業務だけを行っていたときには、なかなか専門機関を紹介できなかったのですが、その専門機関（療育機関）の職員となって、出張で健診業務を行ってからは、「専門機関に通うとこんなことができます」と保護者の前で子どもにさまざまな療育をやってみせることができるようになり、保護者の気持ちがみるみる筆者の所属する専門機関に向かうのがわかりました。

保育所の保育者として、地域の専門機関にはどのような専門スタッフがいて、子どもに対して何をやってくれるのか、そしてそこに通えば子どもはどのような力が伸ばせそうか、保護者にわかるようにきちんと説明できているでしょうか。保護者自身が最も不安なのだということを認識して、その不安を取り除いてあげるためには保育者として何ができるのか、考えたいものです。

4 　園内連携：きちんとSOSを出せる体制をつくる

保護者支援は、担任の保育者一人では抱えきれないことも多くあります。責任感の強い保育者ほど、保護者に必死に伝えようとしたり、保護者を何とか変えようとしたり、または保護者の気持ちに強く入り込んで、自分自身が苦しくなってしまったりすることがあります。人を支えるということは、実は並大抵のことではありません。何よりも支える側の安定性が求められます。ですから、支える保育者自身が支えられている感覚と安心感をもてることが必要になります。子どもをみんなで気にかけながら保育する風土、保護者のことも保育者全員で共通理解して、共感的なまなざしを向け続ける関係性、そういったものが親子や家族にとっても保育者にとっても安心できる居場所を園につくるのです。

また、人に「話す」ことは自分から「離す」ことに通じるといいます。ときにはカンファレンスなどで、ほかの立場の保育者の意見を聞いて、自分の抱えている課題を客観視し、保育所でできること、できないことを検討したり、担任保育者としてやるべきことと所長や主任などの立場でやるべきことを整理することも、今後の見通しを立てたり、改めて支えていくエネルギーを備えていくうえで役に立ちます。

保育所は、障害のある子どもが地域の子どもたちとともに生活し、遊べる場です。そのことは、いわゆる発達支援機関とは異なる意義を、子どもに対してももちろんもっていますし、保護者にとっても大いにもっています。保護者にとっての「地域で子どもとともに当たり前に暮らす」ことの大切さを、保育者だからこそ、保護者から学びたいものです。

> **ワーク**
>
> 88-89頁の①～⑤の疑問について、どのように答えますか。グループで、これまでに出会った保護者を思い出しながら検討してみましょう。

レッスン **11**

保護者・家族の理解と支援

12 地域の関係機関との連携と個別の支援計画

保育者が発達支援の専門機関を見学し、支援の内容を理解することも大切である。

ポイント

1 保護者と子どもを地域の関係機関につなげていくためには、保育者自身がその機関の機能をよく知っている必要がある。

2 地域の関係機関との連携は、つながってからが重要である。

3 保護者と地域の関係機関とともに作成する個別の支援計画は、保護者と子どもが地域で必要な支援を継続的に受けるために重要な役割をもつ。

1 地域の関係機関の機能を知る

保育者であれば、関係機関の機能はおおよそ知っていることと思います。しかし、より有効な連携をしていくためには、その機能をより深く知り、活用していく必要があります。なお、関係機関のうち、小学校と教育委員会については、レッスン13に譲ります。

1 医療機関

障害のある子どもは、入園時にすでに何らかの医療機関にかかっていることが多いものです。子どもによっては、小児科だけではなく、整形外科や眼科、耳鼻科等、複数の科にかかっている場合もあり、どこでどのようなことを言われているのか、園で必要な配慮はそれぞれ何なのか、保護者から詳細に聞いておく必要があります。

近年、**発達障害**（→巻末133頁参照）に関して、幼児にも投薬治療をすすめていくことが多くなりました。その場合、一般には投薬しながら子どもの様子の変化を見て、薬の効果や副作用の有無について探っていかなけ

ればなりません。基本的には家庭との連携が中心になりますが、場合によっては園と医療機関が直接やりとりする必要性が出てきます。また、てんかんで服薬している子どもも同様に、薬の効果を生活の様子を見ながら判断していかなければならず、医療機関との密な連携が求められます。

　子どもに障害の可能性があるとき、医療機関との連携は重要なことである一方、診断をめぐって、保育者と保護者との齟齬が生まれる可能性があります。よく見られるのは、今現在診断が欲しいのは実際には保護者ではなく保育者のほうであるのに、保育者から「子どものために医療機関へ」とすすめられた保護者の怒りです。そもそも保護者は診断を欲しいと思っているのか、診断を受けることは子どもと家族にとって、どのような意味をもつのか、保護者の立場になって考えることが求められます。

　なお、昨今では保護者の精神的な不調が原因で、心療内科や精神科との連携を求められることも多くなってきています。

事例1　「見え」の問題をもっていたみかちゃん

　みかちゃんはダウン症（→巻末133頁参照）の4歳の子どもです。人なつこく、ほかの子どもと一緒に活動することが大好きですが、非常に怖がりで、階段ではだっこを要求し、また、動くことは好きなはずなのに、遊具にチャレンジしようとはしません。担任の保育者は、そうしたことは運動発達の遅れからくるものと思っていましたが、ダウン症について書かれた本を読むうちに、ダウン症の子どもの多くに視力や聴力の問題があることを知りました。「怖がったのも『ダウン症だから』ではなく、見えにくかったせいかもしれない」。そう思った担任保育者は、そのことを保護者に伝え、眼科受診をしてもらった結果、かなり度の強い遠視ということがわかりました。現在眼鏡をかけて「見る」ことの練習中です。

　これは実際にあった事例をもとにしています。医療機関の専門科は細分化され、ダウン症という診断をして、その経過を追うのは小児科ですが、子ども自身は眼科、耳鼻科、整形外科的な治療を必要としていることがあります。すべての行動を「ダウン症だから」で片づけるのではなく、ほかの子どもたちと同様、その行動の背景にあるのは何か、という気持ちでみていく必要があります。

▶2 発達支援の専門機関：児童発達支援センターや児童発達支援事業所等

　児童発達支援センターというのは、広域対象の規模の大きい機関です。その地域の発達支援の推進役を担っており、「**保育所等訪問支援事業**」の

用語　保育所等訪問支援事業
児童発達支援センターの専門職員などの専門スタッフが、保育所や幼稚園、学校や放課後児童クラブ等を訪問し、そこでの子どもの様子を観察して、より適切な支援についてアドバイスしたり、その場で子どもを対象とした療育を行ったりする事業。児童発達支援センターで行うことが多いが、児童発達支援事業所でも行っていることがある。

ように、地域の保育所・幼稚園等を訪問して、そこで子どもの療育を行ったり、保育の様子を見て職員と話し合うなどのアドバイザー的な機能をもっているところもあります。**言語聴覚士**（ST）、**作業療法士**（OT）、**理学療法士**（PT）、**公認心理師**などの専門スタッフが、その専門性に応じた支援を行っています。

　児童発達支援事業所は、児童発達支援センターに比べると小規模でより地域に根差しており、保護者にとっては通いやすい機関です。以前は、ニーズに比してこうした事業所が圧倒的に少ない状況が目立ちましたが、現在は地域によっては児童発達支援事業所が急激に増えてきています。需要と供給のアンバランスの解消という意味では喜ばしいことではありますが、事業内容の質の担保が課題となっています。児童発達支援センターも事業所も、地域の保育所、幼稚園と並行通所ができるところが増えてきており、密な連携を必要とします。

　また、これらの機関とは別に、自治体によっては自治体独自の相談室や発達支援室などをもっていたり、特別支援学校の幼稚部で個別の相談や発達支援を行っているところもあります。

3　子育て支援・虐待対応の専門機関：児童相談所・子ども家庭支援センター等

　子どもの障害や発達の特性は、虐待の大きなリスク因子ですから、より一層の子育て支援体制が必要となります。昨今さまざまな虐待死事件がニュースになっており、子どもの生活に密着している保育所が遅滞なく各機関と連携していくことが、これまで以上に求められています。

　関係機関が一堂に会して必要な情報交換を行い、地域の虐待防止と早期発見・早期対応のシステムをつくり上げていく要保護児童対策地域協議会（要対協）の一翼を保育所も担っています。こうした活動は、保護者支援・家族支援の一環でもありますが、特に障害のある子どもは、ほかの子どもよりも発信力が弱い可能性もありますから、その子どもたちの代弁者・権

 言語聴覚士
言語や聴覚、発声、認知、摂食・嚥下などに関わる障害に対して、検査と評価を実施し、必要に応じて訓練や指導、支援などを行う専門職で国家資格。

作業療法士
日常の生活のなかにある、種々の活動や行動を環境との相互作用や活動分析という手法を用いて分析し、それに基づいて改善案を提案したり、子どもに直接関わったりして、子どもの活動や行動の改善、適切な活動・動きの学習を支援する専門職で国家資格。

理学療法士
病気、けが、高齢、障害などによって運動機能が低下した状態にある人々に対し、運動機能の維持・改善を目的に運動、温熱、電気、水、光線などの物理的手段を用いて治療を行う専門職で国家資格。

公認心理師
保健医療、福祉、教育その他の分野において、専門的知識および技術をもって、心理に関する支援を要する者の心理状態を観察し、その結果を分析し、心理に関する相談に応じ、助言、指導その他の援助を行う専門職で国家資格。ただし、名称独占で業務独占ではなく、また2019年度から活動が始まったばかりの専門職であるため、これまでの協会資格である「臨床心理士」や「臨床発達心理士」なども現在同様の専門家として活動している。

利擁護を担う者としての責務を、保育所と保育者は負っています。

■4　地域の健康支援：保健所・市町村保健センター

　保健所・市町村保健センターは、ゆりかごから墓場まで地域に暮らす人たちの健康支援をつかさどる機関です。子どもに関しては、予防接種や乳幼児健診、各種の健康・発達相談が知られていますが、保護者にとっても、児童発達支援センターや医療機関よりも敷居が低く、比較的気軽に行ける機関の一つでもあります。保健所・市町村保健センター自体が子育て支援機能をもっており、子育て相談や母親同士の**ピアカウンセリング**、親子の遊びの会などを開催しているところがあり、保護者の精神的なケアについても相談ができます。また、地域の保健師は地域の関係機関のことをよく知っており、必要に応じて家庭訪問や保護者の同行支援など、幅の広いフレキシブルな支援のできる専門職です。

> **事例2**　地域の保健師を味方に
>
> 　2歳児クラスのれいくんは、マイペースな行動と、ことばの遅れが保育者にとって気になる子どもでしたが、それ以上に保育者が気になっていたのは、れいくんの母親の不安定さでした。母親は、れいくんのことばの遅れを保育者以上に気にしていながら、不安の強さからどこにも相談に行けず、保育者に対して心配だという訴えを繰り返すばかりでした。保育者は、園長や主任とも相談し、ちょうど3歳児健康診査の直前ということもあって保健センターとの連携を検討しました。母親の許可を得て、市町村保健センターに連絡し、今現在の子どもと母親の様子を伝え、3歳児健康診査で時間をかけて子どもの発達を見てもらうこと、そのうえでていねいに母親に対応してもらうことをお願いしました。ところが、母親は3歳児健康診査を欠席、その後親子は保育所も欠席しがちになりました。地域担当の保健師が間をおかずに母親と連絡をとり、家庭訪問を繰り返しながら、母親とゆっくりじっくり信頼関係を紡いでくれ、閉じこもりがちになった母親を、子ども家庭支援センターと地域の先輩母親につないでくれました。先輩母親に心を許すようになったれいくんの母親は、元どおりれいくんと保育所にきちんと通うようになりました。保育所では、れいくんのケース検討会を開いて、まずはれいくんと家族が元気でいられることを優先し、れいくんが保育所のなかで楽しくやりとりできる遊びや環境を検討しました。

　1歳6か月児健康診査や3歳児健康診査等の乳幼児健康診査は、市町村保健センターと保護者が出会うチャンスでもありますが、同時に保護者にとっては「何か指摘されるかもしれない」という不安の生じる場でもあ

 ピアカウンセリング
　当事者同士が対等な立場で、悩みを話し合ったり精神的に支え合ったりするカウンセリング活動。

ります。また、健診においては、さまざまな職種のスタッフがほとんど流れ作業のような状況で、子どもと保護者に関わることが多いですから、よりていねいに関わる必要のある保護者と子どもであるということは、前もって伝えられる場合は伝えておき、地域の保健師にアフターフォローしてもらう体制を組んでおくことが役に立ちます。

2 │ 地域の関係機関との連携

1 保護者と子どもがそこで何が得られるのかを知ること

　レッスン11でも述べましたが、保護者が専門機関に行こうと思うのは、そこに行くことが子どもや自分にとって役立つと思えたときです。ですから、そこに行けば何が得られるのか、それを得ることがどうして必要なのかを、保育者自身がきちんと知っておくことが大切です。そのような知識のない「紹介」では、保育者の不安だけが保護者に伝わってしまう事態になりかねません。

　たとえば、発達支援機関であれば、実際に一度行って見て来ることが役に立ちます。そうすれば、どのようなスタッフがどのような活動をしているのか、どのような子どもたちがどのような様子でそこに臨むことができているのかを、保護者に対して話してあげることができます。「何をしてくれるかわからないけれど、問題のある子どもが行くところ」では、保護者は不安が先立ち、進んで行こうとは思わないでしょう。しかし、「わが子と同じような子どもがたくさん来ていて、優しい専門家が楽しい活動を提供してくれるところ」と認識できれば、保護者の気持ちも動くのではないでしょうか。しかも、そこに行けば子どもの何が向上するのかがわかれば、より次のステップに進みやすくなります。

> **事例3**　ことばの療育を躊躇した保護者
>
> 　あるとき担任保育者は、2歳児のてつおくんの保護者から、次のような相談を受けました。市町村保健センターのスタッフに、てつおくんのことばの遅れを指摘され、自治体のやっている「ことばの教室」を紹介されたけれども、自分としては3歳までは様子を見たいと思うが、どうだろうかというのです。保育者は、保護者の迷う気持ちを受け止め、次のように話しました。「てつおくんは、これまで1人で遊ぶことが多かったけれど、最近友だちに興味が出てきて、なんとなく友だちの遊ぶ様子を見ていたり、近くに寄って行ったりすることが多くなりました。まだことばで友だちに自分の思いを伝えることができないけれども、ことばの指導を受けてそこが成長したら、てつおくんにとっては、保育所生活がもっと楽しくなるのではないかと思います。友だちに興味の出てきた今が、ことばの伸びるチャンスでもあると思います。『ことばの教室』はこれまでも担当していたお子さんがたくさん通って成果も出ていましたし、私もあそこの先生をよく

知っていますが、とてもいい先生なんですよ」このことばで、てつおくんの保護者は背中を押されて、「ことばの教室」に通うことにしました。

　専門機関に通うことを躊躇して、保育者に相談する保護者は多いと思います。保護者の気持ちのなかには、たとえば次のようなものがあるのではないでしょうか。
- 「行かなくても大丈夫」と言ってほしい。または背中を押してほしい。
- 専門機関に対する保育者の評価を知りたい。
- 保育者が自分の子どもをどうとらえているのかを知りたい。

　そんな不安な気持ちにこたえていくには、保育者は子どもに対する確かな目と、「支援を受ける」ということに対する差別やこだわりのない考えと、専門機関に対するきちんとした評価をもっていなくてはなりません。事例3のてつおくんの保護者に対する答えが「てつおくんはことばが遅れているので、保育所でも心配していました。とにかく行ってみたらどうでしょうか」であったときの保護者の思いと、事例3にある回答を聞いた保護者の思いを比べてみてください。

ワーク1

　今までに担当したことのある障害のある子ども、または気になる子どもと家族の特徴を中心に、関係機関との連携を考えてみましょう。その際、以下の点についてグループで話し合いましょう。
- 連携したい関係機関とその理由
- その機関についてどのような知識が必要か。それらをどのように得るか。
- 保護者に対してどのように紹介していくか。

2　つながってからが連携の始まり

　保育所によっては、保護者と子どもが医療機関や発達支援機関に通えるように保育者が大変な力を尽くしたにもかかわらず、いざ機関につながってしまうと、その後の連携がほとんどなく、そこで何をしているのか、どういうことを言われたのかも把握していないことがままあります。しかし、関係機関との連携の目的は、保護者と子どもをつなげることにあるわけではなく、つながってから、その知見を保育に生かすことにあります。発達支援機関では、子どもの支援の始まりに必ず発達状況のアセスメントを行い、支援目標と支援の方法などについてまとめた個別支援計画を作成します。これは保護者と取り交わすことになっていますので、保護者の許可を得て見せてもらうことができます。その機関が子どもをどのように見立てており、そこでは何を目標にどのようなことをするのかがわかります。また、保育のなかでの配慮を教えてもらうために、保護者に許可を得て連携

機関に直接連絡をとったり、場合によっては見学に行くこともできます。

> ### ワーク2
>
> 　事例1のみかちゃん、事例3のてつおくんのその後について、それぞれ保育者として関係機関とどのような連携をとるべきか考えてみましょう。事例1の関係機関は医療機関、事例3は「ことばの教室」です。

3　対等でありながら違いを大切にする連携

　ときどき保育者から聞かれる「自分たちは専門家ではないから」ということば。保育者は、この「専門家」ということばをどのような意味で使っているのでしょうか。発達支援機関にいる「専門職種」といわれるスタッフは、先に述べた言語聴覚士（ST）、理学療法士（PT）、作業療法士（OT）、公認心理師などですが、彼らはそれぞれの専門領域におけるスペシャリストです。以前、発達支援機関を見学に来た保育者が、「保育士の専門性は何だと思うか」と質問したのに対し、ある作業療法士が「それは**ジェネラリスト**であることだと思う」と答えていて、聞いていた筆者はなるほどと思った覚えがあります。筆者自身は、保育士は、遊びと生活の領域におけるスペシャリストだと思いますが、保育士の専門家たるところは、そうした領域も含めて、総合的に子ども（と家族）をみて支援していける幅の広さとバランス感覚にあるのではないでしょうか。障害のある子どもといっても、その「障害」は子どもの一部分です。子どもの専門家である保育士は、誰よりもその子どもの「専門家」です。関係機関の他職種と連携するときには、そうした自分たちの専門性をきちんと把握していることが大切になってきます。そうして、自分たちの専門性を土台に、ほかの専門職種のスペシャルな専門性を学び、対等な立場で連携していくというような姿勢が求められます。

　職種も子どもや家族との付き合い方も違うのですから、子どもや家族に対する見方や考え方が違うのは当たり前です。ある意味、違うからこそ連携の意味があります。お互いの違いから学び合う連携を目指したいものです。

4　個人情報の扱い

　レッスン11で、保護者は園でみせる外向きの顔をもっていると述べましたが、誰でも人によってみせる顔が異なります。保護者にとって、保育所に知られたくないことと関係機関に知られたくないことは異なるでしょ

 ジェネラリスト
　狭い領域に特化した専門性を発揮するスペシャリストに対して、広範囲の知識・技能・経験を有する専門家を指す。

う。虐待に絡むことでなければ、個人情報は守られなくてはなりません。他機関と連携するときには、保護者にどの情報は出してもよいのかを確認することが必要になりますし、そうした慎重で誠意のある姿勢が保護者と園との信頼関係を育てていくもことにもなります。

3 | 個別の支援計画を作成する

特別支援教育が始まった2007年度に、その制度の一環として、教育機関においては、「個別の教育支援計画」と「個別の指導計画」の作成が義務づけられました。その後、教育機関と福祉機関との連携の重要性が広く認識され、文部科学省と厚生労働省が連携して推進している家庭と教育と福祉の連携「トライアングル」プロジェクト（図12-1）において、個別の教育支援計画の重要性とその理解や活用についての一層の促進が求められることとなりました。それを受けて、2018年の文部科学省の通知においては、個別の教育支援計画の目的、計画に関わる各関係機関の役割、引継ぎや保管に関することなど、さらに詳細な内容が明記されました。

「保育所保育指針」においてはこのような詳細な記載はありませんが、第1章3（2）「指導計画の作成」キにおいて、「障害のある子どもの保

図12-1 「トライアングル」プロジェクト

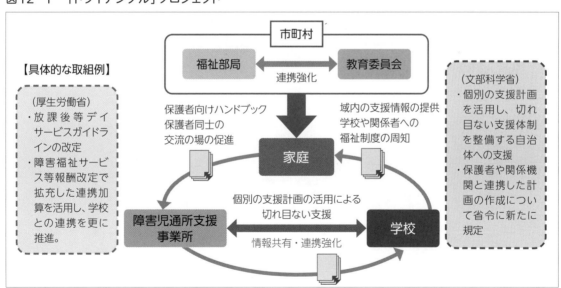

出典：文部科学省・厚生労働省「教育と福祉の一層の連携等の推進について（通知）」2018年

用語　「トライアングル」プロジェクト
障害のある子どもをめぐって、教育と福祉と家庭の連携を目指して、文部科学省と厚生労働省が発足させたプロジェクトで、2018年3月に第1回の報告書が出た。それによると、教育と福祉の連携、それを踏まえた保護者支援にはまだまだ課題が多くあることがわかり、両省の連携を緊密にとりながらの今後の方向性が示されている。

育については、（中略）子どもの状況に応じた保育を実施する観点から、家庭や関係機関と連携した支援のための計画を個別に作成するなど適切な対応を図ること」となっています。重要なのは、以下のことです。

- 個別の支援計画が子どもの状況に応じた保育を実施するために作成されること。つまり、「保育をより適切なものにする」ことが求められている。
- そのために、個別の支援計画に基づいて個別の指導計画が立てられるべきである。
- 個別の支援計画は、家庭と関係機関と保育の連携を目的に立てられる。
- 個別の支援計画は、乳幼児期から学校修了時までを見通して作成され、保育の終了後も引き継がれていくべきものである。

　個別の支援計画には、国が指定した様式はありませんので、様式・書式は自治体や園独自に作成しています。ですから、その項目も関係機関および家庭での子どもの様子や支援の目標、またそれらとの連携の内容（関係会議の内容等）など以外は、特に決まったものはありません。指導計画を作成するために必要な内容項目を自由に盛り込むことができます。

　また、文部科学省では特別支援教育の一環として、医療・保健・福祉・教育・労働等の各機関において必要な情報を共有し、連携して相談・支援を行う際の参考となるよう、「相談・支援手帳（ファイル）」を作成することを推進しています。各自治体が独自に作成するもので、基本的に家庭が中心になって記録を綴じていく形のファイルです。家族がどの関係機関に行っても、また引き継ぎの際もそのファイルさえ共有すれば、一から子どものことを説明する必要がなく、何よりも家庭（子どもが小さい頃は保護者、成長してからは子ども自身）が主体的に作成して保存でき、使用できるものとして、その意義は大きいものがあります。

レッスン
13

就学支援と小学校との連携

保護者から就学に関する相談を受けるということは、信頼関係が築かれていることととらえ、適切な支援を行うことが必要。

ポイント

1 幼保小連携システムの構築を、小1プロブレムという問題が後押しした。
2 保育者は、地域の就学支援システムについて知っておく必要がある。
3 保護者と子どもに対する保育者の就学に向けての支援は、自立支援である。

1 | 小学校との連携とその意義

1 小学校と就学前機関との連携が取り上げられた背景とは

　1971年に出された文部省（当時）の中央教育審議会第一次答申「今後における学校教育の総合的な拡充整備のための基本的施策について」のなかで、はじめて幼稚園と小学校の教育の「連続性」という概念が述べられました（無藤ほか、2016）。それでも、1980年代ぐらいまでは、小学校と就学前機関との違いを埋めたり、そこを接続していったりすることの重要性を、社会全体として考えるまでには至っていませんでした。

　しかし、1990年代になり、それまではあまり大きな問題が指摘されていなかった、小学校低学年の学級の混乱が問題になってきました。学級の混乱の大きな要因とされたのが、集団行動がとれず、授業中に立ち歩いたり勝手なことを行ったりする子どもたちの存在で、そうした問題の総称として「小1プロブレム」ということばが社会に広まりました。その子どもたちの背景として指摘された要因のうちの1つは、**AD/HD**（→巻末133頁参照）などの知的障害のない**発達障害**（→巻末133頁参照）です。ちょ

うど1990年代くらいから、自閉スペクトラム症（ASD）の当事者の自叙伝などが世界的なベストセラーになり、知的障害のない発達障害の存在が社会的に注目されつつある時期でもありました。そこで、知的障害がなく、通常学級に通う発達障害のある子どもたちを対象とした研究が数多く行われるようになりました。保育の世界では、「発達や行動の気になる子ども」の存在がクローズアップされ、研究された時期にあたります。それらの研究や社会的な流れは、のちの「発達障害者支援法」の制定や、2007年から始まった特別支援教育へつながっていきました。

　集団行動のとれない子どもたちの存在におけるもう一つの要因として問題にされたのが、就学前機関と小学校との落差の大きさと、連携の乏しさでした。1997年に出された中央教育審議会「時代の変化に対応した今後の幼稚園教育の在り方について」の最終報告では、幼稚園と小学校双方における「接続を円滑にするための努力の大切さ」が提唱されました。

▶ 2 幼児期と学童期の接続期プログラム

　最初はおもに幼稚園と小学校の接続を中心に研究されてきた就学前機関と小学校との接続ですが、すぐに保育所と小学校との連携・接続も研究されるようになってきました。そこで明らかになってきたことが、幼稚園・保育所（以下、幼保とする）と小学校とのカリキュラムや方法論の違い、生活時程や生活習慣のとらえ方の違い、保育者と学校教員のお互いに対する知識や連携の機会の乏しさなどです。同時に、保育上特別な配慮を必要とする幼児が就学する際の引き継ぎのためのシステムの未確立等も問題になってきました。つまり、「小1プロブレム」を解決するための研究を越えて、幼保と小学校の双方が相互理解し、連携することで、子どもたちの育ちと学びをつなげていくことの重要性が広く認識されるようになってきたのです。

　そうした目的のために開発されたのが、接続期のプログラム、つまり、就学前の幼児の小学校生活と学習への円滑な適応と、幼児期の学びが小学校の生活や学習で生かされることを目的とした、5歳児のカリキュラムである「アプローチカリキュラム」と、幼児期の育ちや学びを踏まえて小学校の授業を中心とした学習へつなげるための小学1年生のカリキュラムである「スタートプログラム」です。

　さまざまな地方自治体でこれらの開発や実施、またその研究がなされることによって、幼保の学びと小学校の学びをつなげるということは、ただ単に幼保でいすに座って人の話を聞く時間を増やすとか、文字や数の学習を増やすといったことではなく、幼稚園・保育所では、ものや人と関わりながら主体的に学ぶことが大切であり、また、その主体的な学びを小学校以上にもつなげていくことが大切であることが明らかになってきました。その成果を形にしたものが、2018年施行の「保育所保育指針」「幼稚園教育要領」「幼保連携型認定こども園教育・保育要領」に明記された「幼児期の終わりまでに育ってほしい10の姿」であり、「学習指導要領」にある「主体的・対話的で深い学び」です。

また、幼児期には発達障害の傾向をもっていても診断のない「気になる子ども」や特別な配慮の必要な子どもが大勢おり、通常学級に就学するということの認識が小学校と就学前機関とに共通理解されたこともあって、幼保小の連携システムがそうした子どもたちのつながりをもった支援のためにも使われるようになりました。

■3 「保育所保育指針」の中にある保育所と小学校の接続

以上のような社会の流れを受けて、2008年告示の「保育所保育指針」においては、第3章2（4）「3歳以上児の保育に関わる配慮事項」ケで、「保育所の保育が、小学校以降の生活や学習の基盤の育成につながることに留意し、幼児期にふさわしい生活を通して、創造的な思考や主体的な生活態度などの基礎を培うようにすること」と、保育所と小学校との連携・接続の重要性と、保育所における目標が明記されています。

また、子どもに関する情報の引き継ぎについて、2008年告示版の第4章1（3）エ「小学校との連携」で「子どもの育ちを支えるための資料が保育所から小学校へ送付されるようにすること」として、保育所児童保育要録の小学校への提出が義務づけられました。それに加えて2018年施行の「保育所保育指針」では、第2章4（2）「小学校との連携」イで「保育所保育において育まれた資質・能力を踏まえ、小学校教育が円滑に行われるよう、小学校教師との意見交換や合同の研究の機会などを設け、第1章の4の（2）に示す『幼児期の終わりまでに育って欲しい姿』を共有するなど連携を図り、保育所保育と小学校教育との円滑な接続を図るよう努めること」とあり、より具体的な目標となすべきことが明示されています。

2 ｜ 就学先と就学支援システム

特別支援教育が始まる前は、「特殊教育」といって、通常学級に行くのは「健常児」であるとされ、障害のある子どもはその障害の種類と程度に応じて特別な学級や学校に就学するとされていたため、就学の制度は障害のある子どもと、その保護者にとっては、「健常児と障害のある子どもの選別」作業と同等に感じられることが多くありました。また、実際に就学に関わる人員のなかにもそのような意識があったのではないでしょうか。

特別支援教育が始まってからの就学先の決定は、「障害があってもなくても、一人ひとりの子どもにとって最もよい就学先を地域のなかで選ぶ」べきですが、まだまだ特殊教育の頃の風土や考え方が根強く残っているのも現実です。そもそも「一人ひとりの個別の教育支援ニーズに応じた教育」を目指している特別支援教育ですが、子どもの多様性に応じた就学先が準備されているかといえば、学校や学級の種類は特殊教育の時代とほとんど変わっていません。実際の就学支援のシステムが、こうした矛盾や困難を

踏まえて運営されているものであることを知っておく必要があります。

1 特別支援教育を踏まえた就学先について

現在、特別な支援を必要とする子どもたちの就学先は表13-1のようになっています。意外に種別が多いように感じられるかもしれませんが、公教育といっても地域によって備えている学級の種別は限られています。ですから、地域にどのような学校・学級があるのかを知っておく必要があります。

2 就学先決定のしくみ

実は、就学基準というものがあり（表13-2）、以前はこの基準に該当するかどうかで特別支援学校（以前の養護学校等）か、地域の小学校に振り分けられることがありました。しかし、「学校教育法」の改正や特別支援教育の始まりとともに、就学先決定のしくみも徐々に変更されて、現在は「就学基準」以外にも保護者の意向や地域や学校の状況、自治体の教育委員会が設置する教育支援委員会（地域によって名称は異なる）の専門家

表13-1　障害のある子どもの就学先

学校・学級	障害種別
特別支援学校	視覚・聴覚・知的・肢体不自由・病弱
特別支援学級（通常の学校内に併設）	弱視・難聴・知的・肢体不自由・身体虚弱・言語・自閉症・情緒
通常学級	―
通級指導教室（通級指導学級・特別支援教室：自治体によって多少異なるが通常学級に通いながら週に1日程度通う学級）	弱視・難聴・肢体不自由・言語・自閉症・情緒・学習障害・注意欠陥多動性障害その他病弱身体虚弱

表13-2　就学基準

区分	程度
盲者	両眼の視力がおおむね0.3未満のもの又は視力以外の視機能障害が高度のもののうち、拡大鏡等の使用によっても通常の文字、図形等の視覚による認識が不可能又は著しく困難な程度のもの
聾者	両耳の聴力レベルがおおむね60デシベル以上のもののうち、補聴器等の使用によっても通常の話声を解することが不可能又は著しく困難な程度のもの
知的障害者	1．知的発達の遅滞があり、他人との意思疎通が困難で日常生活を営むのに頻繁に援助を必要とする程度のもの　2．知的発達の遅滞の程度が前号に掲げる程度に達しないもののうち、社会生活への適応が著しく困難なもの
肢体不自由者	1．肢体不自由の状態が補装具の使用によっても歩行、筆記等日常生活における基本的な動作が不可能又は困難な程度のもの　2．肢体不自由の状態が前号が掲げる程度に達しないもののうち、常時の医学的観察指導を必要とする程度のもの
病弱者	1．慢性の呼吸器疾患、腎臓疾患及び神経疾患、悪性新生物その他の疾患の状態が継続して医療又は生活規制を必要とする程度のもの　2．身体虚弱の状態が継続して生活規制を必要とする程度のもの

出典：文部科学省「特別支援教育について」

図13-1　就学先決定（手続きの流れ）

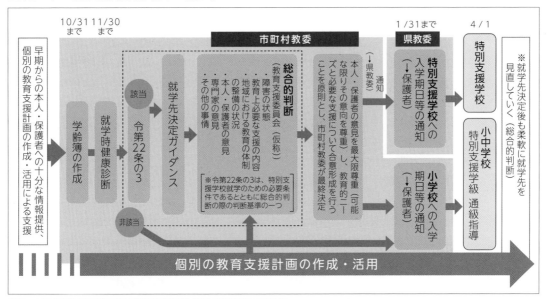

出典：文部科学省初等中等教育局特別支援教育課「教育支援資料」2013年

の意見等、総合的な視点から十分に話し合い、検討して合意形成を行いつつ決定していくことが望ましいとされています（図13-1）。その際に幼児期に作成された個別の（教育）支援計画や、自治体で作成している相談・支援（ファイル）を十分に活用して、支援の一貫性を保つことが必要です。図13-1はあくまで国の示すモデル図であり、実際に就学を管轄する自治体の方法や考え方がそこには入ってきます。

3　就学相談について

図13-1には明記されていませんが、5歳児クラスに入ると、自治体の教育委員会に就学相談を申し込み、開始することができます。これは、子どもの特性と保護者の意向を踏まえて、相談しながら適切な就学先を決定していくシステムです。このシステムのなかで、子どもの状態に関しては、医師による診察や心理士による知能検査、園からの情報や子どもの園における様子を観察するなど、さまざまな視点からアセスメントします。保護者は、学校や学級の見学をして就学先についての理解を深め、子どものアセスメントの結果をもとに就学先を決めていくのですが、この際に保護者の意向と、教育支援委員会（仮称）の意見や判断が異なることがままあります。保護者の気持ちとしては、これまで障害のある子どももない子どもも一緒の環境で保育を受けてきたわけで、就学したからといって、ほかの子どもと別の選択肢を示されたり、分けられたりすることに納得ができなかったり、限られた時間のアセスメントによって、わが子のことを判断されることに悲嘆や怒りをもつことがあります。

　りなちゃんは知的にボーダーラインの子どもで、年少クラスの頃から加配の保育者が彼女の理解を助けたり、ほかの子どもとの橋渡し役を担ってきたりしました。遊びのルールの理解などは少し援助が必要ですが、行動的な問題はなく、仲のよい友だちもおり、いつもほかの子どもたちと一緒に遊んでいます。両親は、この友だちとの関係を就学後も続けさせたくて、通常学級への就学を希望していましたが、就学相談において教育支援委員会は特別支援学級への就学を両親にすすめました。通常学級では学力的についていくのが難しいというのです。両親は困って保育者に意見を求めました。

　意見を求められた保育者は、これまでも両親からさまざまな相談事をもちかけられてきた関係性から、自分の考えを率直に伝えることに決めました。これまで保育者が全体に向けて話をしたときに、りなちゃんは、一度ではなかなか理解しにくかったり、時制のことばが混乱したり、じゃんけんの勝ち負けを何度教えてもわからなかったり、数の概念が育っていないなどの状況がありました。そのため、彼女のふだんの様子から、通常学級ではまず担任の先生の話が一度ではわかりにくい可能性があること、学習面に関しても、よりていねいにじっくりと勉強したほうが身につくのではないかと思う、ということを伝えました。それを聞いた両親は大変ショックを受けた様子で、加配の保育者はついているけれども、ほかの子どもとあまり遜色なくわが子が生活していると思っていたと言いました。その後、親族などさまざまな意見を聞いた両親は、結局「行けるところまで通常学級でがんばらせます」と言い、彼女を通常学級に入学させました。

　就学の壁は、障害のある子どもの保護者にとっては大変に厚いものです。学校だけでなく、この先大人になるまで、ほかの子どもたちとは別の道を行くように運命づけられるような感覚をもつ保護者もいます。

　また、事例 1 のりなちゃんのような、知的にボーダーラインの子どもに適した就学先がなかなかみつからないこともあります。知的障害のある子どもたちの特別支援学級だと学習が簡単すぎ、かといって通常学級だと学習についていけないという、どこに行ってもマイナス面が大きい場合もあるのです。

　保育者として何をどこまで伝えるのかは、園や保育者の考え方にもよると思います。就学に対しては専門外なので、保育者としての意見は伝えないという方針もありますし、保護者と保育者の関係性も影響します。また、それまで保護者と保育者がどの程度、子どものことに関して共通理解できていたかにもよるでしょう。

ワーク

　あなたが事例 1 のりなちゃんの担任保育者なら、どのような意見

を述べ、何をアドバイスしますか。自治体によって、就学支援のシステムが多少異なりますので、自分の自治体の場合で考えて、グループで共有しましょう。正解を出すということではなく、さまざまな視点、さまざまな考え方があることを知りましょう。

　保護者によっては、就学相談を受けない人もいます。その場合、5歳児クラスの10月ないしは11月に行われる就学時健診で、学校側から何か指摘されたり、保護者のほうから相談したりして、そこから必要なら就学相談に入ることもありますし、入学後の配慮について学校とのやりとりが進む場合もあります。

　就学相談も就学時健診も、就学における義務ではありませんので、受けなかったからといって就学できないわけではありません。その2つとも受けない保護者もいます。そうしたものを受けると、自分たちの希望しない就学先をすすめられることを恐れてのことだと思います。それらを受けなかった場合には、最終的にはその子どもの地域の通常学級への就学許可が下りることが一般的です。

　就学相談や就学時健診を受けるか受けないかは保護者の判断ですが、もしそれらのものを受けたときに、通常学級以外の就学先をすすめられるような子どもの状態であれば、通常学級に就学した場合には、就学後すぐに子どもの生活上・学習上の困難が出てくる可能性があります。就学相談は、単に子どもの就学先を決めるものだけでなく、子どもの将来像をともに考え、学校に入ってからの**特別支援教育支援員**の配置等、合理的配慮について検討する場でもあります。通常学級への就学を望む場合も、子どものためにはできるだけ就学先の理解を得て、必要な手だてについて検討してからの就学が望ましいといえます。

3 ｜ 就学に向けての保護者支援

　就学に向けての保護者支援は、単に就学先を決めるための支援にとどまりません。保育所というところから学校というところに移行するための親子の自立支援であるべきです。いったん就学したら、保護者は学校や教育委員会と話し合いながら子どものことを理解してもらい、さまざまなことを決定していかなくてはなりません。就学はゴールではなく、まぎれもないスタートなのです。

用語　特別支援教育支援員
幼稚園、小・中学校、高等学校において障害のある子どもに対し、食事、排泄、教室の移動補助等学校における日常生活動作の介助を行ったり、発達障害の子どもに対し学習活動上のサポートを行ったりするために配置される。

1 学校との信頼関係を育む

　就学支援で悩む保育所を訪ねると、保育者自身がその自治体の就学支援のシステムに疎かったり、学校のことをあまり知らなかったりすることがあります。そうした保育者が就学支援のシステムや学校の情報をどこから得るかというと、一般には卒園した保護者であることが多いのです。しかし筆者も経験がありますが、就学前の機関に入る卒園児の保護者からの学校情報は、マイナスなものがきわめて多いのです。それは、学校との関係で悩む保護者からの相談や訴えが、就学前機関に入る確率が高く、問題を抱えていない保護者からは情報が入りにくいからです。

　就学相談や就学時健診に関しても、保護者同士で悪いうわさが流れることがあります。ときにはそうしたうわさに保育者まで巻き込まれてしまって、就学相談や就学時健診に対して保育者が不信感をもっていることがあります。保護者の立場からすれば、自分たちの希望を通してくれない機関であったり、人たちであったりするのかもしれません。しかし、保育者自身がそうしたうわさや情報に惑わされて、就学相談や就学時健診、さらには学校について不信感をもっていたとしたら、保護者に対して悪い印象しか伝えることができません。

　就学相談の場に保育者が行くことは基本的にはできませんが、学校には行くことができます。現在は幼保小連携の一環として、年に数回、地域の園と小学校が集まって情報交換をする場を設けることも多くなっていますが、何よりも学校のことがわかるのは、学校公開や運動会等の行事のときです。少し心配しながら卒園させた子どもたちは、実際の授業や行事にどのように参加しているのか、そこに学校はどのような配慮をしてくれているのかを実際に確認することができます。

　学校は確かにパラダイスではないかもしれませんし、特にさまざまなハンディのある子どもと保護者にとっては越えなければならない壁はたくさんあるかもしれません。しかし、味方になり、子どものことを必死に考えてくれる教員も確かにいます。子どもが就学したら、保護者は学校と信頼関係を結びながら歩んでいかなくてはなりません。保育者は、そうした保護者の背中を、自信をもって押す存在になりたいものです。

事例2　学校が必死に支えたしんごくん

　しんごくんは、アスペルガー障害（当時）（→巻末133頁参照）と診断のついた子どもです。集団行動は非常に苦手で、卒園式の練習などもパニックになって大騒ぎでした。知能は高く、小学校の計算ドリルを次々とこなしていきます。保護者は早くから就学相談を受けましたが、就学相談のような個別の状況では落ち着いていましたので、就学相談ではしんごくんのもつ大変さは伝わらないと考えた保護者は、就学先の学校に早くから相談する体制に入りました。就学支援シートを提出し、学校と教育委員会との話し合いの結果、特別支援教育支援員をつけてもらうことができました。

　就学したしんごくんにとっては、すべてが集団行動である学校生活は最初のうち非常に苦痛であったようです。我慢を重ねていても1日に1回

はパニックになり、保健室でクールダウンする日々でした。しかし、彼を支援してくれる特別支援教育支援員が大変理解してくれていましたので、パニックになる前にクールダウンできる体制を整えてくれたり、彼にとって嫌な音や刺激について代弁してくれたりするなど、精一杯支えてくれました。3年生に上がるころには、彼も自分の状態や、先の見通しが立つようになり、また、自分の状態を適切にことばで伝えられることも多くなり、集団生活の苦痛がかなり回避できるようになってきました。

　発達障害のある子どもは、個別の状況と集団における姿とでは大きく変わり、別人のようになることもあります。そうしたことを踏まえ、自治体によっては就学相談において、保育所における集団での様子を見に来たり、グループでの様子を観察したりするなどの手続きをとっているところもあります。何よりも、保育者が子どものことを理解し、学校や教育委員会に適切に伝えていけることが就学に際しては大きな力となります。

2　就学支援シートの活用

　保護者と保育者が子どもの様子と学校で配慮してほしいことなどを書いて、保護者が就学先に提出する、就学支援シートを作成している自治体があります。これは就学相談の資料ではなく、あくまでも保護者の自由意思で作成し、就学してからの支援を支えるものです。このシートの利点は、保護者が自分の子どもとその育ちを振り返って、第三者に対して文章化するトレーニングになることと、保育者と保護者が相互に子どもに対する認識を改めて共通理解できることです。さらには、シート自体が保護者と学校をつなぐツールになりますから、シートを提出された学校は、子どもについての話し合いを保護者ともちやすくなります。

　まれに、こうしたシートを提出すると、子どもに対して学校が色眼鏡をもちやすくなるという理由から、シートを書くことを拒否する保護者もいます。保育者がシートの利点やその意義を保護者に対して適切に説明できないということもあるのかもしれませんが、こうした保護者の姿勢には2つのマイナスがあると思います。一つは、子どもに関して何らかの引け目を抱いていることで、これは多かれ少なかれ子ども自身にも伝わってしまいます。もう一つは、学校への不信感の大きさです。保護者自身が学校と連携しようとしなければ、ものごとはうまく進んでいきようがありません。その背景には、保護者の子どもの就学に対する大きな不安があると考えられます。

　就学支援シート（手帳）をもたない自治体でも、個別の（教育）支援計画や相談・支援ファイルなど、それに代わるもので引き継ぎを行ったり、個別に学校と連絡を取って保護者とともに引き継いでいくこともできます。

3　園は心のふるさとに

　筆者は、保護者から就学に関する意見を求められたときには、保育者としての専門的見地から、「可能性」としての子どもの予想される姿を述べ

ることは必要ではないかと思っています。就学に関する意見を求められるということは、それだけの信頼関係が保護者との間に築かれているということです。ただ、その場合、「通常学級では難しいから特別支援学級」という考え方ではなく、「この子どもが特別支援学級や特別支援学校に行ったときに何が得られそうか」という考え方で伝えることが必要だと思います。そのうえで、保護者が就学先についてじっくり考えられるように、また適切な情報をつかめるように、そして、学校とのよい連携のスタートが切れるようにアドバイスをしていくことが望ましいのではないでしょうか。

　一方で保育所は、保護者にとって就学後に困ったとき、苦しくなったときに、いつでも帰って話を聞いてもらいたいふるさとのようなところです。保育者の意見と保護者の意見が食い違っても、保護者が帰って来られる余地を残して送り出してあげたいものです。

第 4 章

これからの障害児保育

　保育のなかで作成される個別指導計画は、日々変化、成長する子どもたちの実態に即して、PDCAサイクルを通して作成、検討されるべきものです。また、それはその子どもと保育者だけが単独で達成するようなものではなく、クラス全体の活動や子ども同士の育ち合いのなかに位置づけられるものです。そうしたインクルーシブな保育の積み重ねによって、障害のある子どもとまわりの子どもたちの人格形成の土台はつくられますし、保育者としても保育の力と自身の成長を信じられるようになるのではないでしょうか。

レッスン14

個別指導計画の作成と観察・記録・評価

レッスン15

インクルーシブ保育を目指す

14

個別指導計画の作成と
観察・記録・評価

写真提供：音のゆりかご保育園

人は誰しも異なる個性をもつ。それぞれ個別の状況に沿った指導計画の作成は、よりきめ細やかな保育を生み出していく。

ポイント

❶ 保育者の子どもの理解、計画、実践、振り返りは保育の質を向上させる。

❷ 保育において個別指導計画の作成は、よりよい子どもの育ちを保障する。

❸ 個別指導計画を立てる際には保育者同士で学び合う場づくりが必要である。

1 | 保育における指導計画の位置づけ

　保育における指導計画は、子どもの成長や発達の側面だけではなく、興味や関心、子ども自身の意欲によって生み出された主体的活動に沿って作成されることが基本とされています。そのため、計画を作成する際、前年度から在所する子どもである場合には、これまでの子どもの姿からその発達過程、興味や関心、園内外での生活経験などの理解を深め、「保育所保育指針」「幼稚園教育要領」「幼保連携型認定こども園教育・保育要領」（以下、要領・指針とする）の内容および園の保育・教育方針と照らし合わせながら立てていきます。さらに、保育の計画には、全体的な計画、年間指導計画、期ごとの指導計画、月間指導計画、週案、日案、個別指導計画など長期計画から短期計画に至るまでさまざまなものがあり、保育者は各計画を連動させて考えながら作成する必要があります。では、なぜ、それほどまでに保育の指導計画は必要とされているのでしょうか。次のワーク1から保育の指導計画について考えていきましょう。

ワーク1

テーマ：なぜ、保育において指導計画は必要なのかを考えてみよう
〈グループの人数〉5 ～ 6 名
〈用意するもの〉全体的な指導計画、クラスの年間指導計画、期ごと
の指導計画、月間指導計画、週案、日案、個別指導計画など所属現場
や自らが作成した指導計画、ふせん（グループの人数×10枚）、模造紙、
6 色入りなどのカラーペンセット、筆記用具
〈ワークの手順〉メンバーが各自で作成した指導計画の読み合わせを
しながら、下記の項目について話し合い、カラーペンセットを使用し
て模造紙に考えをまとめましょう。各自の考えを出し合う際には、ふ
せんを活用してください。模造紙にまとめたあとは、各グループで発
表し、考えを共有していきましょう。
①なぜ保育現場では、指導計画を立てることが必要とされているので
　しょうか。
②なぜ、長期計画と短期計画、個別指導計画など多様な指導計画を立
　てることが必要なのでしょうか。
③保育において個別指導計画を立てる利点とは何でしょうか。
④クラスの全体的な指導計画と個別指導計画につながりをもたせるた
　めに配慮していることは何ですか。

＊指導計画使用上の倫理的配慮：園外研修などで指導計画を使用する際には、所属長の許可を得るこ
　とが必要です。また、指導計画の記入内容で個人情報が記入されている際には、その部分を削除す
　るなどの配慮をもって使用するようにしましょう。

2 ｜ 指導計画によって目指す保育者の細やかな保育の営み

　2017年に要領・指針が改訂（定）されたことにともない、保育者にとっ
て保育の指導計画の作成は、より重要なものであると位置づけられました。
カリキュラムマネジメントや全体的な指導計画のあり方が具体的に示され
たこともその一つです。ワーク 1 で、お互いの指導計画の読み合わせを
したことからもわかるとおり、保育現場における実践は、目の前にいる子
どもの状況や保育現場の保育方針がさまざまであるため、指導計画もまた
多様なものとなります。しかしながら、多様性はあるものの指導計画作成
の際には基本的な原則というものがあります。それは、2017年改訂（定）
の要領・指針の保育計画のそれぞれの章において示されているように、子
どもの興味関心を尊重し、一人ひとりの発達過程や子どもによって生み出
される考えや行動、子どもの生活状況などすべてをとらえて見通しをもち
ながら、保育者の深い子どもの理解に基づいたねらいのある計画を立てる
ということです。さらに、この計画を実際の保育実践で生かしていくため

図14-1 指導計画の構造

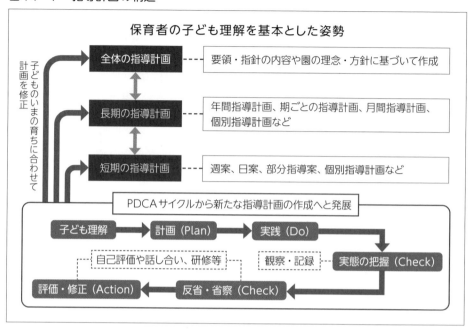

には、図14-1に示されるとおり、子どもの理解を基本とした姿勢をもち、全体的な指導計画→長期の指導計画→短期の指導計画→実践→実態の把握→反省・省察→評価・修正→子どもの理解を繰り返します。

　このように、保育者はすべての計画につながりをもった細やかな保育の営みを目指し、保育を実践したあとには常にその計画を振り返り、改善することで、自らの保育の質の向上に努めていくことが必要です。また、保育における指導計画は、あくまでも保育実践前に保育者が予想・予測した計画です。子どもの状態は日々変化するものと考え、その状態に応じた、柔軟で発展的な対応と指導計画の変更が必要とされます。

3 │ 子どもの長期・短期における 見通しをもった指導計画の必要性

　子どもは、障害のあるなしにかかわらず、日々成長・発達することで状態が変化していきます。全体的な指導計画や年間指導計画などの長期の指導計画では、子どもの育ちそのものに対して長期的な見通しをもち、保育者がどのようなねらいや願いをもって取り組むことが必要なのかを検討することが大切です。

　新年度、クラスの子どもたちのなかに、個別に配慮の必要な子どもがいる場合には、長期の個別指導計画も必要となります。家庭や専門機関と連携し、これまでの生育歴も考慮に入れながら、長期的生活の流れのなかで、その子どもの特性に合わせて、時間をかけて達成する目標を立て、保育者がどのように関わることが望ましいのか、その他の子どもたちとともにど

のような育ち合いが必要なのかを細やかに計画していきます。

　また、短期の指導計画を作成する際には、日々の生活の流れに生じたあらゆる場面や状況の観察・記録によって、その時期の子どもの変化をとらえることから始まります。そこから導き出された子どもの実態把握から、短期間における子どもの育ちの目標を立て、計画し、実践します。しかしながら、子どもの育ちの目標は段階的に達成されるとは限りません。ときには、その目標に対して行きつ戻りつしながら達成したり、飛躍的に目標を達成するなど、その子なりの育ちの過程が現れる場合もあります。保育者は短期の指導計画だからこそ、目の前の子どもの変化と指導計画を照らし合わせながら見直しを図り、細やかで柔軟な短期の指導計画を立てることが必要です。このことによって、その子ども自身の育ちの歩みが保障されながら、無理なく目標が達成されていく過程が含まれた、計画と実践を目指すことができます。

4 ｜ 個別指導計画を立てることの大切さ

　「保育所保育指針」第1章3（2）「指導計画の作成」キには、個別指導計画について以下のように示されています。

> 　障害のある子どもの保育については、一人一人の子どもの発達過程や障害の状態を把握し、適切な環境の下で、障害のある子どもが他の子どもとの生活を通して共に成長できるよう、指導計画の中に位置付けること。また、子どもの状況に応じた保育を実施する観点から、家庭や関係機関と連携した支援のための計画を個別に作成するなど適切な対応を図ること。

　保育者自らが個別指導計画を立てることによって、以下の4点、①子どもの「よいところ」「困っていること」「ニーズ」「配慮すべき事柄」などへの気づき、②長期的かつ短期的な見通しをもった「基本的生活習慣の自立」「社会への適応力」「個性を高める」「子ども自身にとって望ましいと考えられる適切な行動」などの道筋、③保護者や専門機関と連携した指導計画、④障害のある子どもとその他の子どもの育ち合いにおいて子どもの成長・発達を支える視点を生み出すことが可能となります。

　障害のある子どもや個別に配慮が必要な子どもは、その子どもの障害や疾患の程度、状況や環境など、子どもの生活および社会背景などによって配慮すべき事項は異なります。そのため、個別指導計画を立てる際には、担任である保育者が自らの視点だけでなく、同僚などの職員や保護者、専門機関からの情報や意見を集約することで、より深く子どもを理解することができます。それらの人たちとの話し合いによって、子どもの現状をとらえた計画に留まることはなく、専門的知見を含めた子どもの実態に即し、

今後の見通しをもった道筋のある計画を作成することができます。

　また、個別指導計画の作成であったとしても、保育現場では常に集団での教育や生活があります。集団生活において、成長する子ども同士の関係性にも着目し、互いの育ち合いがあるなかでの個別の対応についても検討することが大切です。インクルーシブ保育が目指される現在、この点については今後さらに保育者の専門性が求められるところです。

5 ｜ クラスの指導計画と 個別指導計画のつながり

　個別に配慮の必要な子どもの指導計画を考えると、その子どもの発達段階に即した内容を検討すべきものととらえてしまいがちになりますが、クラスの子どもたちとともに育つ環境であることを踏まえ、個別とクラス全体の指導計画につながりをもたせて作成するという視点を忘れてはなりません。

　インクルーシブな保育が目指されている現在、保育現場では、子どもたちを「ともに生きる環境のなかで育ち合う一人ひとり」としてとらえて、個と集団がどのように成長していけばよいのかを検討し、ねらいや願いをもった計画を立てることが必要です。

　指導計画の作成方法の一つとして、クラス全体的な指導計画を作成する際に個別の子どもの指導計画を併記する方法があります。たとえば、集中力に欠け、集団での活動に少し遅れがちな子どもの場合、クラス全体の流れに対して予想される子どもの姿や、その際に保育者がどのような援助や配慮が必要なのかを併記し、複数担任の間で共有することで、保育全体の時間軸を把握し、子どもの興味・関心や活動の展開をとらえながら、集団も個別も同じ枠組みで検討することが可能となります。

　また、子どもたち同士がどのような場面で影響し合いながら成長するのか予想を立てることも必要です。そうすることで、障害のあるなしにかかわらず、個別に配慮が必要な子どもの成長にも、ほかの子どもの成長にも関連する事項をまとめて記入することもできます。

6 ｜ 指導計画の評価・改善を目指した 学び合いの場づくり

　前述したとおり、指導計画は、作成することだけでなく、計画ならびに実践が子どもの育ちを支えるうえで適したものであったのかという点を、保育者自らが評価・改善することが必要です。また、保育現場のリーダーやミドルリーダーにおいては、その役割の一つとして、評価・改善の場を個人内で終了させるのではなく、職員間全体もしくは年齢、クラスごとの学び合いの場、いわゆる園内研修等の場づくりを担うことも重要です。

　子どもの育ちを支えるうえでは、障害のあるなしにかかわらず、職員間で共通理解をもった保育の営みが、安定した子どもの育ちを保障することにつながります。たとえば、職員間での話し合いの際には、指導計画をかたわらに置いて話し合うとともに、実際に取り組んだ保育実践に関連する写真や動画を活用しながら、振り返ってみましょう。

　図14-2は、食事が進まないユウキくん（2歳）への対応について検討した園内研修の事例です。園内研修では、ユウキくんの写真をもとに、保育者が子どもの状況や自らの保育に対するねらいや願い、援助方法、配慮している事項など指導計画に基づいて実施した実践内容を発表し、職員間で情報や意見を交換して今後の指導計画を改めてとらえ直し、その実践結果をまとめました。このことにより、担任保育者の自らの計画や実践に対する反省や評価だけでなく、ほかの職員がとらえている子どもの実態を理解することが可能となり、次の保育実践においては、これまでよりさらに深い子ども理解指導計画の作成からの実践へと導かれていきます。また、こうした職員間の学び合いの繰り返しは、共通理解だけでなく、担任保育者が気づかなかったことに気づかされ、新たな指導計画へと発展し、保育

図14-2　食事が進まないユウキくんへの対応に関する園内研修

〈園内研修における振り返り〉

※職員から出された意見や提案
・食事の記録を振り返るとパンよりもご飯のときのほうが食べる。
・パンは細かくちぎったり、小刻みに口でかじったりする様子がある。
・特定の食材を嫌がる様子はなく、ニンジンやピーマンなど野菜も好んで食べる。
・においや味に関することばをかけると、笑顔で甘い、おいしいなどのことばを発し、うれしそうである。
・汁物はよく飲むが、具は残すことがある。
・指導計画に基づき、食事の時間を楽しく過ごしている様子が見られるが、口に運ぶ進みが遅い。
・ユウキくんは、入園から2か月であり、家庭での食事の様子を聞くなど、より深い情報交換をしたほうがよいのではないか。

〈保育者のねらいや願い〉
・ユウキくんが、食べることに対して、楽しいやうれしいと思える時間を過ごしてほしい。
・給食に出てくる野菜の名前を言うなど、食べ物に興味・関心があるようなので、味やにおいにも興味・関心を広げていきたい。

〈子どもの状況〉
○○年○月○日　ユウキくん　2歳
・食事がなかなか進まないユウキくん。1か月前より少しずつ改善しているものの、自ら意欲的に手を伸ばし、食べようとしない。保育者がていねいにことばをかけながら、楽しい食事をする時間として過ごせるように心がけているが、給食を残す日が続いている。

〈園内研修後の指導計画と保育実践および子どもの姿〉
・園内研修後、担任保育者らは食事の記録と指導計画を見返し、実践の評価をした。その結果、食事の内容に対する視点や、保護者や調理員との連携の浅さに気づいた。この反省に基づき、ユウキくんに関する情報収集や整理をしたところ、ユウキくんの家庭では食事の際、食材を細かく切って調理していることや、給食の場面では小さく細かい食べ物に対しては意欲的に食べていることがわかった。ユウキくんとの直接的なことばのやりとりのなかで、大きな食材を噛んだあと、食材が口に残るのを嫌がることもわかった。調理員には個別の配慮をしてもらい、食材を細かく切った食事を出すようにした。ユウキくんはそのあとから給食を完食するようになったが、今後はユウキくんの咀嚼の様子を考慮し、少しずつ食材の大きさに変化を与え、意欲的に噛んで食べることを楽しめるように配慮していきたい。

の質の向上へとつながっていきます。

ワーク2

テーマ：指導計画を評価し、改善に導く園内研修を考えよう

　あなたがリーダーもしくはミドルリーダーとして、指導計画の評価と改善を目指す園内研修を実施する場合、どのような研修プログラムを作成しますか。研修時間と形式は下記のとおりです。

〈研修時間〉2時間程度

〈形式〉アクティブラーニングを含めた演習形式

用語 **アクティブラーニング**
研修に参加する人が能動的に参加する学習法のこと。

レッスン 15

インクルーシブ保育を目指す

インクルーシブ保育とは、一人ひとりの子どもたちを、ちがう個性をもつかけがえのない存在と考えること。

1 | 統合保育とインクルーシブ保育

1 統合保育の歴史

国の施策としての統合保育の始まりは、皆さんご存じのように、1974年の「障害児保育事業実施要綱」の制定でした。ただ、このときにはまだ指定保育所方式で、障害のある子どもは、指定された保育所にしか通うことができませんでした。

実は、日本にはその前から「発達保障論」とそれを土台にした「発達保障運動」というものがありました。これは、滋賀県立近江学園という知的障害のある子どもたちのための施設の初代園長であり、「日本知的障害福祉の父」といわれる糸賀一雄が、1960年代はじめに唱えたものです。発達保障論は、人間は誰もが発達の可能性と権利をもって生まれてきており、社会は一人ひとりの人間の発達を保障する責任をもつとする思想です。この思想は近畿地方を中心に広がり、その後、障害のある子どもの教育権保障運動が全国的に展開することとなりました。そうした背景を考えると、統合保育の施策が1974年にようやくでき、しかもそれがまだ指定保育所

方式であったということは、日本の障害児施策の貧困さを表しているものと思われます。

　その後、1978年には指定された保育所以外の保育所においても、障害のある子どもを入所させると公費補助が出るようになり、1981年の国際障害者年を契機に、ノーマライゼーションの理念が社会的にも広く認識されるようになりました。そして、制度化されて45年あまりの間に制度はたびたび見直され、1990年改定の「保育所保育指針」には「障害児」の文言が記載されるようになり、統合保育は各自治体が責任をもって計画策定し、実施するものとなりました。ですから、現在は自治体によって多少制度は異なりますが、障害のある子どもの人数や障害の程度に応じた加配保育者の配置、環境整備等にあてる補助金の支給、専門家が各園を回り、保育をともに検討していくコンサルテーションの制度、自治体主催による各種研修会等が取り組まれています。

2　インクルーシブ保育とは

　保育者によっては、統合保育もインクルーシブ保育も、健常児のなかに障害のある子どもを入れて保育するという意味で同じと感じている人もいるかもしれません。しかし、土台となる考え方が異なるのです。

　図15-1と図15-2を比較してください。図15-1は●が「健常児」で、▲が「障害のある子ども」です。「健常児」のなかに一人だけ異なる「障害のある子ども」が入っているわけです。●のなかで▲は目立ちますが、図15-2では同じ▲が目立ちません。皆同じと考えないからです。統合保育では、●の子どもたち中心の保育計画が立てられますから、そこに▲が参加しようとすると、加配の保育者がついて、▲を●の活動に入れるという設定になります。

　対して図15-2は、そもそも皆違いますから、誰かに合わせた保育計画というものではなく、一人ひとりの育ちと成長を考えた個々の保育のねらいがあって、たとえ活動は共同でも、一人ひとりの参加のしかたやねらいが異なってくると考えられます。

図15-1　統合保育の考え方

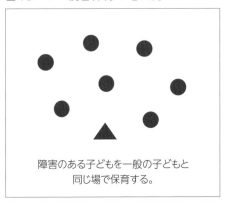

障害のある子どもを一般の子どもと
同じ場で保育する。

図15-2　インクルーシブ保育の考え方

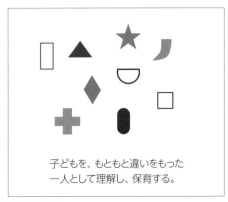

子どもを、もともと違いをもった
一人として理解し、保育する。

出典：市川奈緒子『気になる子の本当の発達支援』風鳴舎、2016年、137頁

このインクルーシブの理念を、ある小学校の先生は子どもたちに次のように教えたそうです。その先生は、黒板のひさしの上に何かを置いて、それを子どもにとってみなさいと言いました。しかし、子どもはまだ身長が足りないのでとれません。先生はそれをとってみせたうえでこのように説明しました。「きみたちは子どもだからまだとれないよね。先生は大人だからとれます。でも、先生がきみたちより偉いわけではないし、きみたちだって、いずれとれるようになるだろうし、今だって踏み台をもってくればとれるよね。その踏み台にあたるものが一人ひとり違うんだよ」つまり、誰もが何か助けが欲しいときがあるし、その欲しい助けは人によって違うのだということです。そこには、「障害のある人」と「障害のない人」の区別はありません。

考えてみれば、「健常」といわれている人も1人で何もかもできるわけではありません。自分1人で稲を育てて、魚を捕り、テレビやパソコンを組み立て、遠いところまで1人で移動できるわけではありません。この社会が「健常」といわれる人たちにとって、「自立して」暮らせるような助け、つまり先ほどの踏み台に満ちているわけです。私たちが誰の助けもなく自立して暮らせていると勘違いしているのは、反対に勘違いできるほど、この世の中が「踏み台」でいっぱいだからなのです。ほかの人たちと異なる特性をもち、その踏み台にあたるものがほかの人たちと違う場合、その踏み台は残念ながらこの社会に用意されていないのです。その用意されていない踏み台のことを、私たちは「特別支援」や、「特別な配慮」などと呼んでいるのではないでしょうか。

2 │ 事例をとおして学ぶ

では、この「障害児保育」のレッスン1～15で学んだことをもとに、事例を使ってさらに学びを深めましょう。

> **事例 1** 誰にでも抱きついてしまうちかちゃん
>
> ちかちゃんは5歳児クラスの女の子で、知的な遅れと自閉性があり、加配の保育者がサポートに入っています。彼女は友だちが大好きで、自分から何とか仲間に入りたいと近づきますが、会話がスムーズにできないこともあって、なかなか一緒に遊べない状態が続いています。ちかちゃんは、誰かれとなく近づいて抱きついてしまうので、一部の子どもたちはそれをひどく嫌がり、逃げたり避けたりしています。この間、保育者の見ていない（と子どもは判断した）ところで、ひそかにちかちゃんを蹴っている子どもを見つけたので、保育者が注意すると、その子どもは「だってちかちゃんが嫌だって言っているのに抱きついてくるんだもん、○○先生（加配の保育者）に何とかしてほしい」と言いました。

　さて、この事態を皆さんはどうみますか。まずは、グループで話し合ってみてください。

　これが正解だというものではありませんが、次のようなことも考えられるのではないでしょうか。

　まず、ちかちゃんはどうして相手が嫌だと言っても抱きついてしまうのでしょうか。ちかちゃんの発達像を検討してみましょう。生まれつきの（つまりあまり変わらないものとしての）発達の特性は、「知的な遅れがある」ということと「自閉性がある」ということ、そしておそらく「人は好き」ということでしょう。その後、彼女なりに人とのやりとりのしかたとして「抱きつきに行く」という行動を学習しました。ただ、これは相手にとっては嫌だったり迷惑だったりすることもある行動ですから、適切とはいえません。つまり不適切な行動を「誤学習」してしまっているわけです。知的な遅れと自閉性をもつちかちゃんのことですから、相手の表情や行動から相手の思いを知るといったことは得意ではなく、ことばのやりとりもまだ未熟で、適切なやりとりのしかたをこれまで学んでこられなかったということかもしれません。

　ここでちかちゃんの行動についての検討を終えてしまえば、ちかちゃんの「抱きつき」はちかちゃんのもっている知的な遅れと自閉性のせいということで終わってしまいます。しかし、そこをもう少し追究して、では、なぜちかちゃんは適切なやりとりのしかたを学んでこられなかったのか、と考えてみましょう。気になるのは、彼女が友だちと遊びたいにもかかわらず、「一緒に遊べない状態が続いている」とあることです。しかも、ちかちゃんを蹴った子どもは「○○先生に何とかしてほしい」と言っています。こうした発言はどういう意識から出てくるのでしょうか。この子どもは「ちかちゃんはいろいろとできないことが多いし、まわりに迷惑をかけてしまうから、○○先生がついているんだ」と思っていないでしょうか。そして、ちかちゃんは○○先生と遊ぶものだと思っているかもしれません。

　そこで、次のような疑問が湧いてきます。

　加配の保育者を含めて、保育者たちはちかちゃんに友だちとの適切なやりとりのしかたをどのように教えてきたのでしょうか。また、ちかちゃんが友だちと遊びたい気持ちがあるにもかかわらず遊べない状態にあることを、どのように認識して打開策を考えてきたのでしょうか。加配の保育者の存在が、まわりの子どもたちとの橋渡しではなく、むしろちかちゃんは自分たちとは異なる存在であるという、ほかの子どもたちの認識につながってはこなかったでしょうか。

　ちかちゃんの行動と、ちかちゃんを取り巻く状況の因果関係は図15-3のように考えられ、①ではなく、②の可能性も検討する必要があるのではないでしょうか。

図15-3　ちかちゃんの行動とちかちゃんを取り巻く状況の因果関係

① ちかちゃんの知的な遅れと自閉性、不適切な行動（抱きつき）　→　ちかちゃんがまわりの子どもと遊べない状態

② ちかちゃんがまわりの子どもと遊べない状態、まわりの子どもに仲間だと認識してもらっていない状態　→　ちかちゃんがまわりの子どもたちとの適切なやりとりを学べない、抱きつきの継続

　何よりも、保育者自身が「ちかちゃんはできないことも多くて、まわりに迷惑をかけてしまうから、加配の保育者がついている」と認識していないでしょうか。

　障害のある子どもの「不適切な行動」を、その子どもの障害のせいにしてしまうと、保育の可能性が見えてきません。しかし、どのような障害のある子どもでも「不適切な行動」をもって生まれてくるわけではありません。不適切な行動を学ばざるをえない状況にその子どもは置かれているのかもしれません。その視点が保育の改変につながっていくのです。

　さらにもう1点、この事例で気になるのは、蹴った子どもを含めて、子どもたちのなかに差別の芽が見え隠れすることです。差別というのはもちろん、される側の子どもを傷つけますが、する側の子どもの人間観や人生観に大きく作用します。その芽に敏感な大人であるべきです。もちろん、自分自身のなかにある芽にもです。

事例2　　**下肢にまひのあるこうすけくん**

　脳性まひのこうすけくんは、5歳児クラスの男の子です。4歳までは地域の児童発達支援センターに通っており、5歳になって入園してきました。現在も月に2回、児童発達支援センターに通って、理学療法士（PT）の個別療育を受けています。

　こうすけくんは下肢にまひがあるので、ふだんはクラッチという杖を使って歩行しています。彼は、いろいろなことに積極的で、皆がやることにはいつも参加しています。皆が「どろけい」をやっているならそこに入りますし、縄跳びをやっているときもこうすけくんなりの参加のしかたで縄を乗り越えました。そんなこうすけくんの様子を見て、担任の保育者も加配の保育者も、こうすけくんが困っているときは、彼自身がそれをまわりに訴えて、子ども同士で考えたり助け合ったりしてほしいと考え、できるだけ前面に出ないようにしていました。

　そんな毎日を送っているうちに、運動会の練習をする時期になりました。5歳児クラスの種目は、例年ダンスと障害物レースとリレーです（リレーだけは4歳児と5歳児で行います）。保育者はどの種目も、こうすけくんがどのように参加するかをよく検討しないといけないと思いましたが、特にグループの勝ち負けがかかるリレーをどうしようか悩みました。そして、おそらくリレーなどはこれまで経験したことのないであろうこうすけくん

に、リレーの説明をして、どうしたいか聞いてみました。すると、何でも皆と同じことがやりたいこうすけくんは、当然、皆と同じだけ走りたいと言いました。

ワーク2

　さて、これまでの保育者の対応を皆さんはどう思いましたか。皆さんだったらどのようにことを運んでいたでしょうか。また、今後どのように運動会に臨むことが必要でしょうか。グループで話し合ってみましょう。

　行事は毎年行うことがほぼ決まっていますし、忙しい保育の合間に検討したり準備したりするため、保育者はなかなか「どうしてこの行事を行うのか」「この行事の子どもにとっての意味は何か」を掘り下げて考える余裕も機会ももてないことが多いと思います。種目もほとんど決まったものになりがちです。そうした毎日の保育のなかで、障害のある子どもというのは、行事の意義をもう一度深く掘り下げて考えさせてくれる存在です。

　たとえばリレーならばこうすけくんはどうしたいのか、その結果がどうなるのか、そこでまわりの子どもたちはどう思うのかなど、特に、こうすけくんのような障害のある子どもにとっては、ほかの子どもに比べて「できない」ということが浮き彫りになるため、そのことを当の子どももほかの子どもも、また保育者も保護者もどのようにとらえるのかが問われます。しかもリレー競技はそこに勝ち負けという、子どもたちにとっては無視できない大きなものが関与してきます。

　人によっては、クラッチを使って歩行しているこうすけくんのような子どもに、練習とはいえ、ほかの子どもと同じ距離を移動させるのはむごいと感じるかもしれません。何でも皆と同じようにやりたい、負けず嫌いのこうすけくんが、実際にほかの子どもたちと競技という場で競走をすることは、自分の歩行の困難という現実に嫌でも向き合うことにつながるでしょう。この保育者はそうしたことも含めて、こうすけくんが乗り越えていけると考えたのかもしれません。

　実際には、リレーの練習がこうすけくんにとってものすごく時間がかかったため、当のこうすけくんもほかの子どもたちも、これは何とかしないといけないと感じたのでした。まず5歳児クラス全員でそのことについて話し合いをもちました。そして、こうすけくん自らが自分の距離を短くするという案を出しました。その案をもって、次に4歳児クラスとの合同の話し合いを経て、練習を重ねながらこうすけくんの距離を決めていきました。

　保育者は、リレー競技の話し合いができてよかったと考えています。「皆と同じことをやることだけが大事なのではない」と、何とはなしに気づき

始めたこうすけくんと一緒に、次はダンスや組体操でどのようなパートを担当するのか考え始めています。保育者はこうすけくんの通う児童発達支援センターの理学療法士（PT）の先生にも連絡をとって意見を聞きました。そうしたことも参考にしながら、保育者は何よりも自分たちが勝手に「こうすけくんはできない」と決めつけないこと、そして何よりもこうすけくんがどう考え、どうしたいかをできるだけ尊重していくことの大切さを感じています。「できない自分」と向き合うためには、「そうした自分を認め、尊重してくれる大人の存在」が何よりも力になることを学んだ、こうすけくんとのやりとりでした。

　保育者はまた、こうすけくんが助けを求めたいときに大人が出ていくのではなく、子どもたち同士で助け合うという、これまでの経験で培われたものが、今回の話し合いに生かされたと思っています。それは「障害のある子どもを助けてあげましょう」ということではなく、障害があろうとなかろうとクラスの仲間であり、その仲間が困っていることは、助けることができる人が助けるのが当然であり、それはお互いさまであるという感覚です。保育者はこうしたことすべてを、いつか保護者にも共有してもらいたいと考えています。

事例3　してもらうことが当たり前だったみくりちゃん

　みくりちゃんは4歳児クラスの女の子です。身体が小さく、知的にも軽度の遅れがありますが、笑顔が大変魅力的な友だちの大好きな子どもだったので、まわりの子どもたちから大人気で、彼女のまわりにはいつも彼女のお世話をしたい子どもたちがたくさん取り巻いていました。しかし、保育者は彼女がやってもらって当たり前の生活をしていることが気になっており、その生活がますます彼女を自立の道から遠ざけているように思っていました。一方で、1人では何もやろうとしないみくりちゃんを担任1人ではサポートしきれず、結局お世話係の子どもたちの手を借りることになってしまっていました。しかし、いつか機会を見つけて、子どもたちとこのことについて話し合いたいと考えていました。

　あるとき、お世話係を自認している1人の女の子が、みくりちゃんに着替えをもってきてくれました。ところが、これまでは何をもってきてもらってもニコニコと受け入れることが多かったみくりちゃんが、そのときは珍しく「これじゃない！」と言ってその着替えを投げつけたのです。そこをチャンスとみた保育者は、みくりちゃんに「じゃあ、どれがいいか一緒に行って選んでみようか」と誘いました。その日はみくりちゃんは自分で着替えを選び、保育者に手助けされながら着替えを終えました。保育者は、もってきた着替えを投げられてしまった子どもにも、そのショックな気持ちを受け止めつつ、話をしました。

ワーク3

　あなたがみくりちゃんの担任保育者なら、みくりちゃんの「やって

　この事例を経て、保育者はみくりちゃんの「やってもらって当たり前」という生活を、自分でこうしたいという思いが育っていなかった、または表現できなかったという視点からみるようになりました。そうやって考えると、彼女は何となく皆と一緒にいますが、これがしたいと要望を出すこともなく、没頭できるような遊びもありません。皆が「○○やりたい！」と言うと、同じように声を出しますが、だからといって、それに集中するわけでもありません。友だちに誘われるとついて行きますが、そこでフラフラすることもまれではありません。保育者はそうした彼女の姿をこれまで自分は「知的に遅れているから」として、深く考えてこなかったことに気がついて愕然としました。そして、身支度や準備の自立という狭い範囲ではなく、自分のやりたいことを見つけてそれに取り組むという、最も基本的な人としての自立の姿を、彼女のなかに育てたいと考えるようになりました。彼女が好きなことは何か、改めて家庭から情報を得て、それを保育のなかに取り入れるようになりました。

　まわりの子どもたちとも何度か話し合い、みくりちゃんの気持ちを確認し、それを尊重することや、みくりちゃんが自分でできることは自分でやろうとすることの大切さについて伝えました。まわりの子どもたちは、その子たちなりの善意でみくりちゃんにいろいろとやってあげていたのですが、みくりちゃんの気持ちになることや、みくりちゃんにとって何が大切かを考えるのは難しかったようです。しかし、4歳児クラス後半のこの時期にそうした話ができてよかった、と保育者は思いました。また、彼らと話し合って、改めて保育者は、この子どもたちは実は何かしら満たされていないものがあったり、自信のなさがあったりして、そうしたものがみくりちゃんの世話に向かわせた1つの要因ではなかったかとも思うようになりました。

　保育における子どもの見方は1つではありません。だからこそ保育はおもしろいですし、奥深いものでもあります。障害のある子どもは、保育の見方も子どもの見方も大きく変えてくれる力をもっているのかもしれません。逆にいえば、どうしても何かうまくいかないという気持ちが強いときは、保育者の保育や子どもに関する見方が固定化してしまい、現実に合わなくなってきているときかもしれません。常に柔軟に、目の前の子どもから学ぶ姿勢が、障害のある子どもの姿からもより多くのものをもたらしてくれるのではないでしょうか。

重要語句 について

　ここでは、本書のなかで複数回にわたって登場する用語について掲載します（50音順にて掲載）。これらの用語を理解したうえで、テキスト本文をもう一度振り返ってみましょう。

● AD/HD（注意欠如／多動症・注意欠如多動性障害）
　多動、不注意、衝動性を主症状とする発達障害。ASD（自閉スペクトラム症）と併存することが多い。

● 自閉スペクトラム症（自閉症スペクトラム障害、ASD）、アスペルガー障害（または症候群）
　国際診断基準である「DSM-5」に規定されている診断名。社会的相互交渉の困難とこだわりの強さ、感覚過敏などが診断基準となる。アスペルガー障害（症候群）は、「DSM-5」の改訂前のものに規定されていたもので、ことばの発達に障害のないタイプを指す。現在の「DSM-5」では、自閉スペクトラム症に含まれている。

● ダウン症（ダウン症候群、21トリソミー）
　染色体異常を原因とする症候群。特徴的な顔貌をもつために、出生後すぐに気づかれ、診断されることが多い。多くは、低身長、低緊張、知的障害、さまざまな身体的特徴がみられる。

● 脳性まひ
　胎児の間から、生後4週間までの間に発生した脳への傷害によって引き起こされる運動機能の障害のこと。

● 発達障害
　日本では「発達障害者支援法」に規定された、自閉症、注意欠陥多動性障害、学習障害が基本的な発達障害とされている。しかし、発達性運動協調症（障害）を発達障害に含める考えもある。いずれも「健常」とは明確な境界線がなく、見た目ではわかりにくいが学習や社会生活上、大きな困難をもつため、まわりの理解が必要である。

引用文献・参考文献

●レッスン 1

高橋和子『高機能自閉症児を育てる』小学館、2010 年

●レッスン 2

石井正子『障害のある子どものインクルージョンと保育システム』福村出版、2013 年

市川奈緒子『気になる子の本当の発達支援』風鳴舎、2016 年

杉山登志郎『子ども虐待という第四の発達障害』学習研究社、2007 年

●レッスン 3

千葉県教育庁教育振興部特別支援教育課「医療的ケアにおけるヒヤリハット活用ハンドブック——安全で確実な医療的ケアをめざして」2011 年

保育所における医療的ケア児への支援に関する研究会「保育所での医療的ケア児受け入れに関するガイドライン」2019 年（https://www.mizuho-ir.co.jp/case/research/pdf/h30kosodate2018_0102.pdf 2019 年 12 月 2 日確認）

●レッスン 4

河合康・小宮三彌編著『わかりやすく学べる特別支援教育と障害児の心理・行動特性』北樹出版、2018 年

冨田久枝・松浦俊弥編著『ライフステージの発達障害論——インクルーシブ教育と支援の実際』北樹出版、2016 年

●レッスン 5

市川奈緒子・岡本仁美編著『発達が気になる子どもの療育・発達支援入門——目の前の子どもから学べる専門家を目指して』金子書房、2018 年

●レッスン 6

滝吉美知香・名古屋恒彦編著『特別支援教育に生きる心理アセスメントの基礎知識』東洋館出版社、2015 年

中島義明・安藤清志・子安増生・坂野雄二・繁桝算男・立花政夫・箱田裕司編『心理学辞典』有斐閣、1999 年

東田直樹『自閉症の僕が跳びはねる理由——会話のできない中学生がつづる内なる心』エスコアール出版部、2007 年

●レッスン 9

齊藤万比古編著『発達障害が引き起こす二次障害へのケアとサポート』学習研究社、2009 年

●レッスン10

相川恵子・仁平義明『子どもに障害をどう説明するか——すべての先生・お母さん・お父さんのために』ブレーン出版、2005 年

デムチャック, メリーアン & ボサート, カレン・W. ／三田地真実訳『問題行動のアセスメント』学苑社、2004 年

森口奈緒美『変光星——ある自閉症者の少女期の回想』飛鳥新社、1996 年

●レッスン11

市川奈緒子『気になる子の本当の発達支援』風鳴舎、2016年

中田洋二郎「親の障害の認識と受容に関する考察──受容の段階説と慢性的悲哀」『早稲田心理学年報』27、1995年、83～92頁

中田洋二郎『発達障害と家族支援──家族にとっての障害とはなにか』学習ヒューマンケアブックス、2009年

●レッスン12

市川奈緒子・岡本仁美編著『発達の気になる子どもの療育・発達支援入門──目の前の子どもから学べる専門家を目指して』金子書房、2018年

●レッスン13

無藤隆・清水益治・齋藤多江子『実践科学としての保育学の成立過程──幼小接続、幼保一体化のエイジェント分析 最終報告書』科学研究費助成事業学術研究助成金基盤研究（c）（平成25-27年度）（課題番号25381099）、2016年

●レッスン14

伊藤健次編『新・障害のある子どもの保育（第3版）』みらい、2016年

日本保育学会編『保育学講座3　保育のいとなみ　子ども理解と内容・方法』東京大学出版会、2016年

●レッスン15

市川奈緒子『気になる子の本当の発達支援』風鳴舎、2016年

資料編

「保育所保育指針」

「幼保連携型認定こども園教育・保育要領」

「保育所保育指針」

2017（平成29）年3月31日告示

第1章　総則

　この指針は、児童福祉施設の設備及び運営に関する基準（昭和23年厚生省令第63号。以下「設備運営基準」という。）第35条の規定に基づき、保育所における保育の内容に関する事項及びこれに関連する運営に関する事項を定めるものである。各保育所は、この指針において規定される保育の内容に係る基本原則に関する事項等を踏まえ、各保育所の実情に応じて創意工夫を図り、保育所の機能及び質の向上に努めなければならない。

1　保育所保育に関する基本原則

（1）保育所の役割

ア　保育所は、児童福祉法（昭和22年法律第164号）第39条の規定に基づき、保育を必要とする子どもの保育を行い、その健全な心身の発達を図ることを目的とする児童福祉施設であり、入所する子どもの最善の利益を考慮し、その福祉を積極的に増進することに最もふさわしい生活の場でなければならない。

イ　保育所は、その目的を達成するために、保育に関する専門性を有する職員が、家庭との緊密な連携の下に、子どもの状況や発達過程を踏まえ、保育所における環境を通して、養護及び教育を一体的に行うことを特性としている。

ウ　保育所は、入所する子どもを保育するとともに、家庭や地域の様々な社会資源との連携を図りながら、入所する子どもの保護者に対する支援及び地域の子育て家庭に対する支援等を行う役割を担うものである。

エ　保育所における保育士は、児童福祉法第18条の4の規定を踏まえ、保育所の役割及び機能が適切に発揮されるように、倫理観に裏付けられた専門的知識、技術及び判断をもって、子どもを保育するとともに、子どもの保護者に対する保育に関する指導を行うものであり、その職責を遂行するための専門性の向上に絶えず努めなければならない。

（2）保育の目標

ア　保育所は、子どもが生涯にわたる人間形成にとって極めて重要な時期に、その生活時間の大半を過ごす場である。このため、保育所の保育は、子どもが現在を最も良く生き、望ましい未来をつくり出す力の基礎を培うために、次の目標を目指して行わなければならない。

（ア）十分に養護の行き届いた環境の下に、くつろいだ雰囲気の中で子どもの様々な欲求を満たし、生命の保持及び情緒の安定を図ること。

（イ）健康、安全など生活に必要な基本的な習慣や態度を養い、心身の健康の基礎を培うこと。

（ウ）人との関わりの中で、人に対する愛情と信頼感、そして人権を大切にする心を育てるとともに、自主、自立及び協調の態度を養い、道徳性の芽生えを培うこと。

（エ）生命、自然及び社会の事象についての興味や関心を育て、それらに対する豊かな心情や思考力の芽生えを培うこと。

（オ）生活の中で、言葉への興味や関心を育て、話したり、聞いたり、相手の話を理解しようとするなど、言葉の豊かさを養うこと。

（カ）様々な体験を通して、豊かな感性や表現力を育み、創造性の芽生えを培うこと。

イ　保育所は、入所する子どもの保護者に対し、その意向を受け止め、子どもと保護者の安定した関係に配慮し、保育所の特性や保育士等の専門性を生かして、その援助に当たらなければならない。

（3）保育の方法

　保育の目標を達成するために、保育士等は、次の事項に留意して保育しなければならない。

ア　一人一人の子どもの状況や家庭及び地域社会での生活の実態を把握するとともに、子どもが安心感と信頼感をもって活動できるよう、子どもの主体としての思いや願いを受け止めること。

イ　子どもの生活のリズムを大切にし、健康、安全で情緒の安定した生活ができる環境や、自己を十分に発揮できる環境を整えること。

ウ　子どもの発達について理解し、一人一人の発達過程に応じて保育すること。その際、子どもの個人差に十分配慮すること。

エ　子ども相互の関係づくりや互いに尊重する心を大切にし、集団における活動を効果あるものにするよう援助すること。

オ　子どもが自発的・意欲的に関われるような環境を構成し、子どもの主体的な活動や子ども相互の関わりを大切にすること。特に、乳幼児期にふさわしい体験が得られるように、生活や遊びを通して総合的に保育すること。

カ　一人一人の保護者の状況やその意向を理解、受容し、それぞれの親子関係や家庭生活等に配慮しながら、様々な機会をとらえ、適切に援助すること。

（4）保育の環境

　保育の環境には、保育士等や子どもなどの人的環境、施設や遊具などの物的環境、更には自然や社会の事象などがある。保育所は、こうした人、物、場などの環境が相互に関連し合い、子どもの生活が豊かなものとなるよう、次の事項に留意しつつ、計画的に環境を構成し、工夫して保育しなければならない。

ア　子ども自らが環境に関わり、自発的に活動し、様々な経験を積んでいくことができるよう配慮すること。

イ　子どもの活動が豊かに展開されるよう、保育所の設備や環境を整え、保育所の保健的環境や安全の確保などに努めること。

ウ　保育室は、温かな親しみとくつろぎの場となるとともに、生き生きと活動できる場となるように配慮すること。

エ　子どもが人と関わる力を育てていくため、子ども自らが周囲の子どもや大人と関わっていくことができる環境を整えること。

（5）保育所の社会的責任

ア　保育所は、子どもの人権に十分配慮するとともに、子ども一人一人の人格を尊重して保育を行わなければならない。

イ　保育所は、地域社会との交流や連携を図り、保護者や地域社会に、当該保育所が行う保育の内容を適切に説明するよう努めなければならない。

ウ　保育所は、入所する子ども等の個人情報を適切に取り扱うとともに、保護者の苦情などに対し、その解決を図るよう努めなければならない。

2　養護に関する基本的事項

（1）養護の理念

　保育における養護とは、子どもの生命の保持及び情緒の安定を図るために保育士等が行う援助や関わりであり、保育所における保育は、養護及び教育を一体的に行うことをその特性とするものである。保育所における保育全体を通じて、養護に関するねらい及び内容を踏まえた保育が展開されなければならない。

（2）養護に関わるねらい及び内容

ア　生命の保持

（ア）ねらい

①一人一人の子どもが、快適に生活できるようにする。

②一人一人の子どもが、健康で安全に過ごせるようにする。

③一人一人の子どもの生理的欲求が、十分に満たされるよう

にする。

④一人一人の子どもの健康増進が、積極的に図られるようにする。

（イ）内容

①一人一人の子どもの平常の健康状態や発育及び発達状態を的確に把握し、異常を感じる場合は、速やかに適切に対応する。

②家庭との連携を密にし、嘱託医等との連携を図りながら、子どもの疾病や事故防止に関する認識を深め、保健的で安全な保育環境の維持及び向上に努める。

③清潔で安全な環境を整え、適切な援助や応答的な関わりを通して子どもの生理的欲求を満たしていく。また、家庭と協力しながら、子どもの発達過程等に応じた適切な生活のリズムがつくられていくようにする。

④子どもの発達過程等に応じて、適度な運動と休息を取ることができるようにする。また、食事、排泄、衣類の着脱、身の回りを清潔にすることなどについて、子どもが意欲的に生活できるよう適切に援助する。

イ　情緒の安定

（ア）ねらい

①一人一人の子どもが、安定感をもって過ごせるようにする。

②一人一人の子どもが、自分の気持ちを安心して表すことができるようにする。

③一人一人の子どもが、周囲から主体として受け止められ、主体として育ち、自分を肯定する気持ちが育まれていくようにする。

④一人一人の子どもがくつろいで共に過ごし、心身の疲れが癒されるようにする。

（イ）内容

①一人一人の子どもの置かれている状態や発達過程などを的確に把握し、子どもの欲求を適切に満たしながら、応答的な触れ合いや言葉がけを行う。

②一人一人の子どもの気持ちを受容し、共感しながら、子どもとの継続的な信頼関係を築いていく。

③保育士等との信頼関係を基盤に、一人一人の子どもが主体的に活動し、自発性や探索意欲などを高めるとともに、自分への自信をもつことができるよう成長の過程を見守り、適切に働きかける。

④一人一人の子どもの生活のリズム、発達過程、保育時間などに応じて、活動内容のバランスや調和を図りながら、適切な食事や休息が取れるようにする。

3　保育の計画及び評価

（1）全体的な計画の作成

ア　保育所は、1の（2）に示した保育の目標を達成するために、各保育所の保育の方針や目標に基づき、子どもの発達過程を踏まえて、保育の内容が組織的・計画的に構成さ

れ、保育所の生活の全体を通して、総合的に展開されるよう、全体的な計画を作成しなければならない。

イ　全体的な計画は、子どもや家庭の状況、地域の実態、保育時間などを考慮し、子どもの育ちに関する長期的見通しをもって適切に作成されなければならない。

ウ　全体的な計画は、保育所保育の全体像を包括的に示すものとし、これに基づく指導計画、保健計画、食育計画等を通じて、各保育所が創意工夫して保育できるよう、作成されなければならない。

（2）指導計画の作成

ア　保育所は、全体的な計画に基づき、具体的な保育が適切に展開されるよう、子どもの生活や発達を見通した長期的な指導計画と、それに関連しながら、より具体的な子どもの日々の生活に即した短期的な指導計画を作成しなければならない。

イ　指導計画の作成に当たっては、第2章及びその他の関連する章に示された事項のほか、子ども一人一人の発達過程や状況を十分に踏まえるとともに、次の事項に留意しなければならない。

（ア）3歳未満児については、一人一人の子どもの生育歴、心身の発達、活動の実態等に即して、個別的な計画を作成すること。

（イ）3歳以上児については、個の成長と、子ども相互の関係や協同的な活動が促されるよう配慮すること。

（ウ）異年齢で構成される組やグループでの保育においては、一人一人の子どもの生活や経験、発達過程などを把握し、適切な援助や環境構成ができるよう配慮すること。

ウ　指導計画においては、保育所の生活における子どもの発達過程を見通し、生活の連続性、季節の変化などを考慮し、子どもの実態に即した具体的なねらい及び内容を設定すること。また、具体的なねらいが達成されるよう、子どもの生活する姿や発想を大切にして適切な環境を構成し、子どもが主体的に活動できるようにすること。

エ　一日の生活のリズムや在園時間が異なる子どもが共に過ごすことを踏まえ、活動と休息、緊張感と解放感等の調和を図るよう配慮すること。

オ　午睡は生活のリズムを構成する重要な要素であり、安心して眠ることのできる安全な睡眠環境を確保するとともに、在園時間が異なることや、睡眠時間は子どもの発達の状況や個人によって差があることから、一律とならないよう配慮すること。

カ　長時間にわたる保育については、子どもの発達過程、生活のリズム及び心身の状態に十分配慮して、保育の内容や方法、職員の協力体制、家庭との連携などを指導計画に位置付けること。

キ　障害のある子どもの保育については、一人一人の子どもの発達過程や障害の状態を把握し、適切な環境の下で、障害のある子どもが他の子どもとの生活を通して共に成長できるよう、指導計画の中に位置付けること。また、子どもの状況に応じた保育を実施する観点から、家庭や関係機関と連携した支援のための計画を個別に作成するなど適切な対応を図ること。

（3）指導計画の展開

指導計画に基づく保育の実施に当たっては、次の事項に留意しなければならない。

ア　施設長、保育士など、全職員による適切な役割分担と協力体制を整えること。

イ　子どもが行う具体的な活動は、生活の中で様々に変化することに留意して、子どもが望ましい方向に向かって自ら活動を展開できるよう必要な援助を行うこと。

ウ　子どもの主体的な活動を促すためには、保育士等が多様な関わりをもつことが重要であることを踏まえ、子どもの情緒の安定や発達に必要な豊かな体験が得られるよう援助すること。

エ　保育士等は、子どもの実態や子どもを取り巻く状況の変化などに即して保育の過程を記録するとともに、これらを踏まえ、指導計画に基づく保育の内容の見直しを行い、改善を図ること。

（4）保育内容等の評価

ア　保育士等の自己評価

（ア）保育士等は、保育の計画や保育の記録を通して、自らの保育実践を振り返り、自己評価することを通して、その専門性の向上や保育実践の改善に努めなければならない。

（イ）保育士等による自己評価に当たっては、子どもの活動内容やその結果だけでなく、子どもの心の育ちや意欲、取り組む過程などにも十分配慮するよう留意すること。

（ウ）保育士等は、自己評価における自らの保育実践の振り返りや職員相互の話し合い等を通じて、専門性の向上及び保育の質の向上のための課題を明確にするとともに、保育所全体の保育の内容に関する認識を深めること。

イ　保育所の自己評価

（ア）保育所は、保育の質の向上を図るため、保育の計画の展開や保育士等の自己評価を踏まえ、当該保育所の保育の内容等について、自ら評価を行い、その結果を公表するよう努めなければならない。

（イ）保育所が自己評価を行うに当たっては、地域の実情や保育所の実態に即して、適切に評価の観点や項目等を設定し、全職員による共通理解をもって取り組むよう留意すること。

（ウ）設備運営基準第36条の趣旨を踏まえ、保育の内容等の評価に関し、保護者及び地域住民等の意見を聴くことが望ましいこと。

(5) 評価を踏まえた計画の改善

ア　保育所は、評価の結果を踏まえ、当該保育所の保育の内容等の改善を図ること。

イ　保育の計画に基づく保育、保育の内容の評価及びこれに基づく改善という一連の取組により、保育の質の向上が図られるよう、全職員が共通理解をもって取り組むことに留意すること。

4　幼児教育を行う施設として共有すべき事項

(1) 育みたい資質・能力

ア　保育所においては、生涯にわたる生きる力の基礎を培うため、1の(2)に示す保育の目標を踏まえ、次に掲げる資質・能力を一体的に育むよう努めるものとする。

(ア) 豊かな体験を通じて、感じたり、気付いたり、分かったり、できるようになったりする「知識及び技能の基礎」

(イ) 気付いたことや、できるようになったことなどを使い、考えたり、試したり、工夫したり、表現したりする「思考力、判断力、表現力等の基礎」

(ウ) 心情、意欲、態度が育つ中で、よりよい生活を営もうとする「学びに向かう力、人間性等」

イ　アに示す資質・能力は、第2章に示すねらい及び内容に基づく保育活動全体によって育むものである。

(2) 幼児期の終わりまでに育ってほしい姿

次に示す「幼児期の終わりまでに育ってほしい姿」は、第2章に示すねらい及び内容に基づく保育活動全体を通して資質・能力が育まれている子どもの小学校就学時の具体的な姿であり、保育士等が指導を行う際に考慮するものである。

ア　健康な心と体

保育所の生活の中で、充実感をもって自分のやりたいことに向かって心と体を十分に働かせ、見通しをもって行動し、自ら健康で安全な生活をつくり出すようになる。

イ　自立心

身近な環境に主体的に関わり様々な活動を楽しむ中で、しなければならないことを自覚し、自分の力で行うために考えたり、工夫したりしながら、諦めずにやり遂げることで達成感を味わい、自信をもって行動するようになる。

ウ　協同性

友達と関わる中で、互いの思いや考えなどを共有し、共通の目的の実現に向けて、考えたり、工夫したり、協力したりし、充実感をもってやり遂げるようになる。

エ　道徳性・規範意識の芽生え

友達と様々な体験を重ねる中で、してよいことや悪いことが分かり、自分の行動を振り返ったり、友達の気持ちに共感したりし、相手の立場に立って行動するようになる。また、きまりを守る必要性が分かり、自分の気持ちを調整し、友達と折り合いを付けながら、きまりをつくったり、守っ

たりするようになる。

オ　社会生活との関わり

家族を大切にしようとする気持ちをもつとともに、地域の身近な人と触れ合う中で、人との様々な関わり方に気付き、相手の気持ちを考えて関わり、自分が役に立つ喜びを感じ、地域に親しみをもつようになる。また、保育所内外の様々な環境に関わる中で、遊びや生活に必要な情報を取り入れ、情報に基づき判断したり、情報を伝え合ったり、活用したりするなど、情報を役立てながら活動するようになるとともに、公共の施設を大切に利用するなどして、社会とのつながりなどを意識するようになる。

カ　思考力の芽生え

身近な事象に積極的に関わる中で、物の性質や仕組みなどを感じ取ったり、気付いたりし、考えたり、予想したり、工夫したりするなど、多様な関わりを楽しむようになる。また、友達の様々な考えに触れる中で、自分と異なる考えがあることに気付き、自ら判断したり、考え直したりするなど、新しい考えを生み出す喜びを味わいながら、自分の考えをよりよいものにするようになる。

キ　自然との関わり・生命尊重

自然に触れて感動する体験を通して、自然の変化などを感じ取り、好奇心や探究心をもって考え言葉などで表現しながら、身近な事象への関心が高まるとともに、自然への愛情や畏敬の念をもつようになる。また、身近な動植物に心を動かされる中で、生命の不思議さや尊さに気付き、身近な動植物への接し方を考え、命あるものとしていたわり、大切にする気持ちをもって関わるようになる。

ク　数量や図形、標識や文字などへの関心・感覚

遊びや生活の中で、数量や図形、標識や文字などに親しむ体験を重ねたり、標識や文字の役割に気付いたりし、自らの必要感に基づきこれらを活用し、興味や関心、感覚をもつようになる。

ケ　言葉による伝え合い

保育士等や友達と心を通わせる中で、絵本や物語などに親しみながら、豊かな言葉や表現を身に付け、経験したことや考えたことなどを言葉で伝えたり、相手の話を注意して聞いたりし、言葉による伝え合いを楽しむようになる。

コ　豊かな感性と表現

心を動かす出来事などに触れ感性を働かせる中で、様々な素材の特徴や表現の仕方などに気付き、感じたことや考えたことを自分で表現したり、友達同士で表現する過程を楽しんだりし、表現する喜びを味わい、意欲をもつようになる。

第2章　保育の内容

この章に示す「ねらい」は、第1章の1の(2)に示された保育の目標をより具体化したものであり、子どもが保育所において、安定した生活を送り、充実した活動ができるように、

保育を通じて育みたい資質・能力を、子どもの生活する姿から捉えたものである。また、「内容」は、「ねらい」を達成するために、子どもの生活やその状況に応じて保育士等が適切に行う事項と、保育士等が援助して子どもが環境に関わって経験する事項を示したものである。

保育における「養護」とは、子どもの生命の保持及び情緒の安定を図るために保育士等が行う援助や関わりであり、「教育」とは、子どもが健やかに成長し、その活動がより豊かに展開されるための発達の援助である。本章では、保育士等が、「ねらい」及び「内容」を具体的に把握するため、主に教育に関わる側面からの視点を示しているが、実際の保育においては、養護と教育が一体となって展開されることに留意する必要がある。

1 乳児保育に関わるねらい及び内容

(1) 基本的事項

ア 乳児期の発達については、視覚、聴覚などの感覚や、座る、はう、歩くなどの運動機能が著しく発達し、特定の大人との応答的な関わりを通じて、情緒的な絆が形成されるといった特徴がある。これらの発達の特徴を踏まえて、乳児保育は、愛情豊かに、応答的に行われることが特に必要である。

イ 本項においては、この時期の発達の特徴を踏まえ、乳児保育の「ねらい」及び「内容」については、身体的発達に関する視点「健やかに伸び伸びと育つ」、社会的発達に関する視点「身近な人と気持ちが通じ合う」及び精神的発達に関する視点「身近なものと関わり感性が育つ」としてまとめ、示している。

ウ 本項の各視点において示す保育の内容は、第1章の2に示された養護における「生命の保持」及び「情緒の安定」に関わる保育の内容と、一体となって展開されるものであることに留意が必要である。

(2) ねらい及び内容

ア 健やかに伸び伸びと育つ
　健康な心と体を育て、自ら健康で安全な生活をつくり出す力の基盤を培う。
（ア）ねらい
①身体感覚が育ち、快適な環境に心地よさを感じる。
②伸び伸びと体を動かし、はう、歩くなどの運動をしようとする。
③食事、睡眠等の生活のリズムの感覚が芽生える。
（イ）内容
①保育士等の愛情豊かな受容の下で、生理的・心理的欲求を満たし、心地よく生活をする。
②一人一人の発育に応じて、はう、立つ、歩くなど、十分に体を動かす。

③個人差に応じて授乳を行い、離乳を進めていく中で、様々な食品に少しずつ慣れ、食べることを楽しむ。
④一人一人の生活のリズムに応じて、安全な環境の下で十分に午睡をする。
⑤おむつ交換や衣服の着脱などを通じて、清潔になることの心地よさを感じる。
（ウ）内容の取扱い
　上記の取扱いに当たっては、次の事項に留意する必要がある。
①心と体の健康は、相互に密接な関連があるものであることを踏まえ、温かい触れ合いの中で、心と体の発達を促すこと。特に、寝返り、お座り、はいはい、つかまり立ち、伝い歩きなど、発育に応じて、遊びの中で体を動かす機会を十分に確保し、自ら体を動かそうとする意欲が育つようにすること。
②健康な心と体を育てるためには望ましい食習慣の形成が重要であることを踏まえ、離乳食が完了期へと徐々に移行する中で、様々な食品に慣れるようにするとともに、和やかな雰囲気の中で食べる喜びや楽しさを味わい、進んで食べようとする気持ちが育つようにすること。なお、食物アレルギーのある子どもへの対応については、嘱託医等の指示や協力の下に適切に対応すること。

イ 身近な人と気持ちが通じ合う
　受容的・応答的な関わりの下で、何かを伝えようとする意欲や身近な大人との信頼関係を育て、人と関わる力の基盤を培う。
（ア）ねらい
①安心できる関係の下で、身近な人と共に過ごす喜びを感じる。
②体の動きや表情、発声等により、保育士等と気持ちを通わせようとする。
③身近な人と親しみ、関わりを深め、愛情や信頼感が芽生える。
（イ）内容
①子どもからの働きかけを踏まえた、応答的な触れ合いや言葉がけによって、欲求が満たされ、安定感をもって過ごす。
②体の動きや表情、発声、喃語等を優しく受け止めてもらい、保育士等とのやり取りを楽しむ。
③生活や遊びの中で、自分の身近な人の存在に気付き、親しみの気持ちを表す。
④保育士等による語りかけや歌いかけ、発声や喃語等への応答を通じて、言葉の理解や発語の意欲が育つ。
⑤温かく、受容的な関わりを通じて、自分を肯定する気持ちが芽生える。
（ウ）内容の取扱い
　上記の取扱いに当たっては、次の事項に留意する必要がある。
①保育士等との信頼関係に支えられて生活を確立していくことが人と関わる基盤となることを考慮して、子どもの多様な感情を受け止め、温かく受容的・応答的に関わり、一人一人に応じた適切な援助を行うようにすること。
②身近な人に親しみをもって接し、自分の感情などを表し、

それに相手が応答する言葉を聞くことを通して、次第に言葉が獲得されていくことを考慮して、楽しい雰囲気の中での保育士等との関わり合いを大切にし、ゆっくりと優しく話しかけるなど、積極的に言葉のやり取りを楽しむことができるようにすること。

ウ　身近なものと関わり感性が育つ

身近な環境に興味や好奇心をもって関わり、感じたことや考えたことを表現する力の基盤を培う。

（ア）ねらい

①身の回りのものに親しみ、様々なものに興味や関心をもつ。

②見る、触れる、探索するなど、身近な環境に自分から関わろうとする。

③身体の諸感覚による認識が豊かになり、表情や手足、体の動き等で表現する。

（イ）内容

①身近な生活用具、玩具や絵本などが用意された中で、身の回りのものに対する興味や好奇心をもつ。

②生活や遊びの中で様々なものに触れ、音、形、色、手触りなどに気付き、感覚の働きを豊かにする。

③保育士等と一緒に様々な色彩や形のものや絵本などを見る。

④玩具や身の回りのものを、つまむ、つかむ、たたく、引っ張るなど、手や指を使って遊ぶ。

⑤保育士等のあやし遊びに機嫌よく応じたり、歌やリズムに合わせて手足や体を動かして楽しんだりする。

（ウ）内容の取扱い

上記の取扱いに当たっては、次の事項に留意する必要がある。

①玩具などは、音質、形、色、大きさなど子どもの発達状態に応じて適切なものを選び、その時々の子どもの興味や関心を踏まえるなど、遊びを通して感覚の発達が促されるものとなるように工夫すること。なお、安全な環境の下で、子どもが探索意欲を満たして自由に遊べるよう、身の回りのものについては、常に十分な点検を行うこと。

②乳児期においては、表情、発声、体の動きなどで、感情を表現することが多いことから、これらの表現しようとする意欲を積極的に受け止めて、子どもが様々な活動を楽しむことを通して表現が豊かになるようにすること。

（3）保育の実施に関わる配慮事項

ア　乳児は疾病への抵抗力が弱く、心身の機能の未熟さに伴う疾病の発生が多いことから、一人一人の発育及び発達状態や健康状態についての適切な判断に基づく保健的な対応を行うこと。

イ　一人一人の子どもの生育歴の違いに留意しつつ、欲求を適切に満たし、特定の保育士が応答的に関わるように努めること。

ウ　乳児保育に関わる職員間の連携や嘱託医との連携を図り、第3章に示す事項を踏まえ、適切に対応すること。栄養士及び看護師等が配置されている場合は、その専門性を

生かした対応を図ること。

エ　保護者との信頼関係を築きながら保育を進めるとともに、保護者からの相談に応じ、保護者への支援に努めていくこと。

オ　担当の保育士が替わる場合には、子どものそれまでの生育歴や発達過程に留意し、職員間で協力して対応すること。

2　1歳以上3歳未満児の保育に関わるねらい及び内容

（1）基本的事項

ア　この時期においては、歩き始めから、歩く、走る、跳ぶなどへと、基本的な運動機能が次第に発達し、排泄の自立のための身体的機能も整うようになる。つまむ、めくるなどの指先の機能も発達し、食事、衣類の着脱なども、保育士等の援助の下で自分で行うようになる。発声も明瞭になり、語彙も増加し、自分の意思や欲求を言葉で表出できるようになる。このように自分でできることが増えてくる時期であることから、保育士等は、子どもの生活の安定を図りながら、自分でしようとする気持ちを尊重し、温かく見守るとともに、愛情豊かに、応答的に関わることが必要である。

イ　本項においては、この時期の発達の特徴を踏まえ、保育の「ねらい」及び「内容」について、心身の健康に関する領域「健康」、人との関わりに関する領域「人間関係」、身近な環境との関わりに関する領域「環境」、言葉の獲得に関する領域「言葉」及び感性と表現に関する領域「表現」としてまとめ、示している。

ウ　本項の各領域において示す保育の内容は、第1章の2に示された養護における「生命の保持」及び「情緒の安定」に関わる保育の内容と、一体となって展開されるものであることに留意が必要である。

（2）ねらい及び内容

ア　健康

健康な心と体を育て、自ら健康で安全な生活をつくり出す力を養う。

（ア）ねらい

①明るく伸び伸びと生活し、自分から体を動かすことを楽しむ。

②自分の体を十分に動かし、様々な動きをしようとする。

③健康、安全な生活に必要な習慣に気付き、自分でしてみようとする気持ちが育つ。

（イ）内容

①保育士等の愛情豊かな受容の下で、安定感をもって生活をする。

②食事や午睡、遊びと休息など、保育所における生活のリズムが形成される。

③走る、跳ぶ、登る、押す、引っ張るなど全身を使う遊びを楽

しむ。

④様々な食品や調理形態に慣れ、ゆったりとした雰囲気の中で食事や間食を楽しむ。

⑤身の回りを清潔に保つ心地よさを感じ、その習慣が少しずつ身に付く。

⑥保育士等の助けを借りながら、衣類の着脱を自分でしようとする。

⑦便器での排泄に慣れ、自分で排泄ができるようになる。

（ウ）内容の取扱い

上記の取扱いに当たっては、次の事項に留意する必要がある。

①心と体の健康は、相互に密接な関連があるものであることを踏まえ、子どもの気持ちに配慮した温かい触れ合いの中で、心と体の発達を促すこと。特に、一人一人の発育に応じて、体を動かす機会を十分に確保し、自ら体を動かそうとする意欲が育つようにすること。

②健康な心と体を育てるためには望ましい食習慣の形成が重要であることを踏まえ、ゆったりとした雰囲気の中で食べる喜びや楽しさを味わい、進んで食べようとする気持ちが育つようにすること。なお、食物アレルギーのある子どもへの対応については、嘱託医等の指示や協力の下に適切に対応すること。

③排泄の習慣については、一人一人の排尿間隔等を踏まえ、おむつが汚れていないときに便器に座らせるなどにより、少しずつ慣れさせるようにすること。

④食事、排泄、睡眠、衣類の着脱、身の回りを清潔にすることなど、生活に必要な基本的な習慣については、一人一人の状態に応じ、落ち着いた雰囲気の中で行うようにし、子どもが自分でしようとする気持ちを尊重すること。また、基本的な生活習慣の形成に当たっては、家庭での生活経験に配慮し、家庭との適切な連携の下で行うようにすること。

イ　人間関係

他の人々と親しみ、支え合って生活するために、自立心を育て、人と関わる力を養う。

（ア）ねらい

①保育所での生活を楽しみ、身近な人と関わる心地よさを感じる。

②周囲の子ども等への興味や関心が高まり、関わりをもとうとする。

③保育所の生活の仕方に慣れ、きまりの大切さに気付く。

（イ）内容

①保育士等や周囲の子ども等との安定した関係の中で、共に過ごす心地よさを感じる。

②保育士等の受容的・応答的な関わりの中で、欲求を適切に満たし、安定感をもって過ごす。

③身の回りに様々な人がいることに気付き、徐々に他の子どもと関わりをもって遊ぶ。

④保育士等の仲立ちにより、他の子どもとの関わり方を少しずつ身につける。

⑤保育所の生活の仕方に慣れ、きまりがあることや、その大切さに気付く。

⑥生活や遊びの中で、年長児や保育士等の真似をしたり、ごっこ遊びを楽しんだりする。

（ウ）内容の取扱い

上記の取扱いに当たっては、次の事項に留意する必要がある。

①保育士等との信頼関係に支えられて生活を確立するとともに、自分で何かをしようとする気持ちが旺盛になる時期であることに鑑み、そのような子どもの気持ちを尊重し、温かく見守るとともに、愛情豊かに、応答的に関わり、適切な援助を行うようにすること。

②思い通りにいかない場合等の子どもの不安定な感情の表出については、保育士等が受容的に受け止めるとともに、そうした気持ちから立ち直る経験や感情をコントロールすることへの気付き等につなげていけるように援助すること。

③この時期は自己と他者との違いの認識がまだ十分ではないことから、子どもの自我の育ちを見守るとともに、保育士等が仲立ちとなって、自分の気持ちを相手に伝えることや相手の気持ちに気付くことの大切さなど、友達の気持ちや友達との関わり方を丁寧に伝えていくこと。

ウ　環境

周囲の様々な環境に好奇心や探究心をもって関わり、それらを生活に取り入れていこうとする力を養う。

（ア）ねらい

①身近な環境に親しみ、触れ合う中で、様々なものに興味や関心をもつ。

②様々なものに関わる中で、発見を楽しんだり、考えたりしようとする。

③見る、聞く、触るなどの経験を通して、感覚の働きを豊かにする。

（イ）内容

①安全で活動しやすい環境での探索活動等を通して、見る、聞く、触れる、嗅ぐ、味わうなどの感覚の働きを豊かにする。

②玩具、絵本、遊具などに興味をもち、それらを使った遊びを楽しむ。

③身の回りの物に触れる中で、形、色、大きさ、量などの物の性質や仕組みに気付く。

④自分の物と人の物の区別や、場所的感覚など、環境を捉える感覚が育つ。

⑤身近な生き物に気付き、親しみをもつ。

⑥近隣の生活や季節の行事などに興味や関心をもつ。

（ウ）内容の取扱い

上記の取扱いに当たっては、次の事項に留意する必要がある。

①玩具などは、音質、形、色、大きさなど子どもの発達状態に応じて適切なものを選び、遊びを通して感覚の発達が促されるように工夫すること。

②身近な生き物との関わりについては、子どもが命を感じ、生命の尊さに気付く経験へとつながるものであることか

ら、そうした気付きを促すような関わりとなるようにすること。

③地域の生活や季節の行事などに触れる際には、社会とのつながりや地域社会の文化への気付きにつながるものとなることが望ましいこと。その際、保育所内外の行事や地域の人々との触れ合いなどを通して行うこと等も考慮すること。

エ　言葉

経験したことや考えたことなどを自分なりの言葉で表現し、相手の話す言葉を聞こうとする意欲や態度を育て、言葉に対する感覚や言葉で表現する力を養う。

（ア）ねらい

①言葉遊びや言葉で表現する楽しさを感じる。

②人の言葉や話などを聞き、自分でも思ったことを伝えようとする。

③絵本や物語等に親しむとともに、言葉のやり取りを通じて身近な人と気持ちを通わせる。

（イ）内容

①保育士等の応答的な関わりや話しかけにより、自ら言葉を使おうとする。

②生活に必要な簡単な言葉に気付き、聞き分ける。

③親しみをもって日常の挨拶に応じる。

④絵本や紙芝居を楽しみ、簡単な言葉を繰り返したり、模倣をしたりして遊ぶ。

⑤保育士等とごっこ遊びをする中で、言葉のやり取りを楽しむ。

⑥保育士等を仲立ちとして、生活や遊びの中で友達との言葉のやり取りを楽しむ。

⑦保育士等や友達の言葉や話に興味や関心をもって、聞いたり、話したりする。

（ウ）内容の取扱い

上記の取扱いに当たっては、次の事項に留意する必要がある。

①身近な人に親しみをもって接し、自分の感情などを伝え、それに相手が応答し、その言葉を聞くことを通して、次第に言葉が獲得されていくものであることを考慮して、楽しい雰囲気の中で保育士等との言葉のやり取りができるようにすること。

②子どもが自分の思いを言葉で伝えるとともに、他の子どもの話などを聞くことを通して次第に話を理解し、言葉による伝え合いができるようになるよう、気持ちや経験等の言語化を行うことを援助するなど、子ども同士の関わりの仲立ちを行うようにすること。

③この時期は、片言から、二語文、ごっこ遊びでのやり取りができる程度へと、大きく言葉の習得が進む時期であることから、それぞれの子どもの発達の状況に応じて、遊びや関わりの工夫など、保育の内容を適切に展開することが必要であること。

オ　表現

感じたことや考えたことを自分なりに表現することを通して、豊かな感性や表現する力を養い、創造性を豊かにする。

（ア）ねらい

①身体の諸感覚の経験を豊かにし、様々な感覚を味わう。

②感じたことや考えたことなどを自分なりに表現しようとする。

③生活や遊びの様々な体験を通して、イメージや感性が豊かになる。

（イ）内容

①水、砂、土、紙、粘土など様々な素材に触れて楽しむ。

②音楽、リズムやそれに合わせた体の動きを楽しむ。

③生活の中で様々な音、形、色、手触り、動き、味、香りなどに気付いたり、感じたりして楽しむ。

④歌を歌ったり、簡単な手遊びや全身を使う遊びを楽しんだりする。

⑤保育士等からの話や、生活や遊びの中での出来事を通して、イメージを豊かにする。

⑥生活や遊びの中で、興味のあることや経験したことなどを自分なりに表現する。

（ウ）内容の取扱い

上記の取扱いに当たっては、次の事項に留意する必要がある。

①子どもの表現は、遊びや生活の様々な場面で表出されているものであることから、それらを積極的に受け止め、様々な表現の仕方や感性を豊かにする経験となるようにすること。

②子どもが試行錯誤しながら様々な表現を楽しむことや、自分の力でやり遂げる充実感などに気付くよう、温かく見守るとともに、適切に援助を行うようにすること。

③様々な感情の表現等を通じて、子どもが自分の感情や気持ちに気付くようになる時期であることに鑑み、受容的な関わりの中で自信をもって表現をすることや、諦めずに続けた後の達成感等を感じられるような経験が蓄積されるようにすること。

④身近な自然や身の回りの事物に関わる中で、発見や心が動く経験が得られるよう、諸感覚を働かせることを楽しむ遊びや素材を用意するなど保育の環境を整えること。

（3）保育の実施に関わる配慮事項

ア　特に感染症にかかりやすい時期であるので、体の状態、機嫌、食欲などの日常の状態の観察を十分に行うとともに、適切な判断に基づく保健的な対応を心がけること。

イ　探索活動が十分できるように、事故防止に努めながら活動しやすい環境を整え、全身を使う遊びなど様々な遊びを取り入れること。

ウ　自我が形成され、子どもが自分の感情や気持ちに気付くようになる重要な時期であることに鑑み、情緒の安定を図りながら、子どもの自発的な活動を尊重するとともに促していくこと。

エ　担当の保育士が替わる場合には、子どものそれまでの経験や発達過程に留意し、職員間で協力して対応すること。

3　3歳以上児の保育に関するねらい及び内容

（1）基本的事項

ア　この時期においては、運動機能の発達により、基本的な動作が一通りできるようになるとともに、基本的な生活習慣もほぼ自立できるようになる。理解する語彙数が急激に増加し、知的興味や関心も高まってくる。仲間と遊び、仲間の中の一人という自覚が生じ、集団的な遊びや協同的な活動も見られるようになる。これらの発達の特徴を踏まえて、この時期の保育においては、個の成長と集団としての活動の充実が図られるようにしなければならない。

イ　本項においては、この時期の発達の特徴を踏まえ、保育の「ねらい」及び「内容」について、心身の健康に関する領域「健康」、人との関わりに関する領域「人間関係」、身近な環境との関わりに関する領域「環境」、言葉の獲得に関する領域「言葉」及び感性と表現に関する領域「表現」としてまとめ、示している。

ウ　本項の各領域において示す保育の内容は、第1章の2に示された養護における「生命の保持」及び「情緒の安定」に関わる保育の内容と、一体となって展開されるものであることに留意が必要である。

（2）ねらい及び内容

ア　健康
　　健康な心と体を育て、自ら健康で安全な生活をつくり出す力を養う。

（ア）ねらい
①明るく伸び伸びと行動し、充実感を味わう。
②自分の体を十分に動かし、進んで運動しようとする。
③健康、安全な生活に必要な習慣や態度を身に付け、見通しをもって行動する。

（イ）内容
①保育士等や友達と触れ合い、安定感をもって行動する。
②いろいろな遊びの中で十分に体を動かす。
③進んで戸外で遊ぶ。
④様々な活動に親しみ、楽しんで取り組む。
⑤保育士等や友達と食べることを楽しみ、食べ物への興味や関心をもつ。
⑥健康な生活のリズムを身に付ける。
⑦身の回りを清潔にし、衣服の着脱、食事、排泄などの生活に必要な活動を自分でする。
⑧保育所における生活の仕方を知り、自分たちで生活の場を整えながら見通しをもって行動する。
⑨自分の健康に関心をもち、病気の予防などに必要な活動を進んで行う。
⑩危険な場所、危険な遊び方、災害時などの行動の仕方が分かり、安全に気を付けて行動する。

（ウ）内容の取扱い
　　上記の取扱いに当たっては、次の事項に留意する必要がある。
①心と体の健康は、相互に密接な関連があるものであることを踏まえ、子どもが保育士等や他の子どもとの温かい触れ合いの中で自己の存在感や充実感を味わうことなどを基盤として、しなやかな心と体の発達を促すこと。特に、十分に体を動かす気持ちよさを体験し、自ら体を動かそうとする意欲が育つようにすること。
②様々な遊びの中で、子どもが興味や関心、能力に応じて全身を使って活動することにより、体を動かす楽しさを味わい、自分の体を大切にしようとする気持ちが育つようにすること。その際、多様な動きを経験する中で、体の動きを調整するようにすること。
③自然の中で伸び伸びと体を動かして遊ぶことにより、体の諸機能の発達が促されることに留意し、子どもの興味や関心が戸外にも向くようにすること。その際、子どもの動線に配慮した園庭や遊具の配置などを工夫すること。
④健康な心と体を育てるためには食育を通じた望ましい食習慣の形成が大切であることを踏まえ、子どもの食生活の実情に配慮し、和やかな雰囲気の中で保育士等や他の子どもと食べる喜びや楽しさを味わったり、様々な食べ物への興味や関心をもったりするなどし、食の大切さに気付き、進んで食べようとする気持ちが育つようにすること。
⑤基本的な生活習慣の形成に当たっては、家庭での生活経験に配慮し、子どもの自立心を育て、子どもが他の子どもと関わりながら主体的な活動を展開する中で、生活に必要な習慣を身に付け、次第に見通しをもって行動できるようにすること。
⑥安全に関する指導に当たっては、情緒の安定を図り、遊びを通して安全についての構えを身に付け、危険な場所や事物などが分かり、安全についての理解を深めるようにすること。また、交通安全の習慣を身に付けるようにするとともに、避難訓練などを通して、災害などの緊急時に適切な行動がとれるようにすること。

イ　人間関係
　　他の人々と親しみ、支え合って生活するために、自立心を育て、人と関わる力を養う。

（ア）ねらい
①保育所の生活を楽しみ、自分の力で行動することの充実感を味わう。
②身近な人と親しみ、関わりを深め、工夫したり、協力したりして一緒に活動する楽しさを味わい、愛情や信頼感をもつ。
③社会生活における望ましい習慣や態度を身に付ける。

（イ）内容
①保育士等や友達と共に過ごすことの喜びを味わう。
②自分で考え、自分で行動する。
③自分でできることは自分でする。
④いろいろな遊びを楽しみながら物事をやり遂げようとする

気持ちをもつ。

⑤友達と積極的に関わりながら喜びや悲しみを共感し合う。

⑥自分の思ったことを相手に伝え、相手の思っていることに気付く。

⑦友達のよさに気付き、一緒に活動する楽しさを味わう。

⑧友達と楽しく活動する中で、共通の目的を見いだし、工夫したり、協力したりなどする。

⑨よいことや悪いことがあることに気付き、考えながら行動する。

⑩友達との関わりを深め、思いやりをもつ。

⑪友達と楽しく生活する中できまりの大切さに気付き、守ろうとする。

⑫共同の遊具や用具を大切にし、皆で使う。

⑬高齢者をはじめ地域の人々などの自分の生活に関係の深いいろいろな人に親しみをもつ。

（ウ）内容の取扱い

上記の取扱いに当たっては、次の事項に留意する必要がある。

①保育士等との信頼関係に支えられて自分自身の生活を確立していくことが人と関わる基盤となることを考慮し、子どもが自ら周囲に働き掛けることにより多様な感情を体験し、試行錯誤しながら諦めずにやり遂げることの達成感や、前向きな見通しをもって自分の力で行うことの充実感を味わうことができるよう、子どもの行動を見守りながら適切な援助を行うようにすること。

②一人一人を生かした集団を形成しながら人と関わる力を育てていくようにすること。その際、集団の生活の中で、子どもが自己を発揮し、保育士等や他の子どもに認められる体験をし、自分のよさや特徴に気付き、自信をもって行動できるようにすること。

③子どもが互いに関わりを深め、協同して遊ぶようになるため、自ら行動する力を育てるとともに、他の子どもと試行錯誤しながら活動を展開する楽しさや共通の目的が実現する喜びを味わうことができるようにすること。

④道徳性の芽生えを培うに当たっては、基本的な生活習慣の形成を図るとともに、子どもが他の子どもとの関わりの中で他人の存在に気付き、相手を尊重する気持ちをもって行動できるようにし、また、自然や身近な動植物に親しむことなどを通して豊かな心情が育つようにすること。特に、人に対する信頼感や思いやりの気持ちは、葛藤やつまずきをも体験し、それらを乗り越えることにより次第に芽生えてくることに配慮すること。

⑤集団の生活を通して、子どもが人との関わりを深め、規範意識の芽生えが培われることを考慮し、子どもが保育士等との信頼関係に支えられて自己を発揮する中で、互いに思いを主張し、折り合いを付ける体験をし、きまりの必要性などに気付き、自分の気持ちを調整する力が育つようにすること。

⑥高齢者をはじめ地域の人々などの自分の生活に関係の深い

いろいろな人と触れ合い、自分の感情や意志を表現しながら共に楽しみ、共感し合う体験を通して、これらの人々などに親しみをもち、人と関わることの楽しさや人の役に立つ喜びを味わうことができるようにすること。また、生活を通して親や祖父母などの家族の愛情に気付き、家族を大切にしようとする気持ちが育つようにすること。

ウ　環境

周囲の様々な環境に好奇心や探究心をもって関わり、それらを生活に取り入れていこうとする力を養う。

（ア）ねらい

①身近な環境に親しみ、自然と触れ合う中で様々な事象に興味や関心をもつ。

②身近な環境に自分から関わり、発見を楽しんだり、考えたりし、それを生活に取り入れようとする。

③身近な事象を見たり、考えたり、扱ったりする中で、物の性質や数量、文字などに対する感覚を豊かにする。

（イ）内容

①自然に触れて生活し、その大きさ、美しさ、不思議さなどに気付く。

②生活の中で、様々な物に触れ、その性質や仕組みに興味や関心をもつ。

③季節により自然や人間の生活に変化のあることに気付く。

④自然などの身近な事象に関心をもち、取り入れて遊ぶ。

⑤身近な動植物に親しみをもって接し、生命の尊さに気付き、いたわったり、大切にしたりする。

⑥日常生活の中で、我が国や地域社会における様々な文化や伝統に親しむ。

⑦身近な物を大切にする。

⑧身近な物や遊具に興味をもって関わり、自分なりに比べたり、関連付けたりしながら考えたり、試したりして工夫して遊ぶ。

⑨日常生活の中で数量や図形などに関心をもつ。

⑩日常生活の中で簡単な標識や文字などに関心をもつ。

⑪生活に関係の深い情報や施設などに興味や関心をもつ。

⑫保育所内外の行事において国旗に親しむ。

（ウ）内容の取扱い

上記の取扱いに当たっては、次の事項に留意する必要がある。

①子どもが、遊びの中で周囲の環境と関わり、次第に周囲の世界に好奇心を抱き、その意味や操作の仕方に関心をもち、物事の法則性に気付き、自分なりに考えることができるようになる過程を大切にすること。また、他の子どもの考えなどに触れて新しい考えを生み出す喜びや楽しさを味わい、自分の考えをよりよいものにしようとする気持ちが育つようにすること。

②幼児期において自然のもつ意味は大きく、自然の大きさ、美しさ、不思議さなどに直接触れる体験を通して、子どもの心が安らぎ、豊かな感情、好奇心、思考力、表現力の基礎が培われることを踏まえ、子どもが自然との関わりを深め

ることができるよう工夫すること。

③身近な事象や動植物に対する感動を伝え合い、共感し合う
ことなどを通して自分から関わろうとする意欲を育てると
ともに、様々な関わり方を通してそれらに対する親しみや
畏敬の念、生命を大切にする気持ち、公共心、探究心など
が養われるようにすること。

④文化や伝統に親しむ際には、正月や節句など我が国の伝統
的な行事、国歌、唱歌、わらべうたや我が国の伝統的な遊
びに親しんだり、異なる文化に触れる活動に親しんだりす
ることを通じて、社会とのつながりの意識や国際理解の意
識の芽生えなどが養われるようにすること。

⑤数量や文字などに関しては、日常生活の中で子ども自身の
必要感に基づく体験を大切にし、数量や文字などに関する
興味や関心、感覚が養われるようにすること。

エ　言葉

経験したことや考えたことなどを自分なりの言葉で表現
し、相手の話す言葉を聞こうとする意欲や態度を育て、言
葉に対する感覚や言葉で表現する力を養う。

（ア）ねらい

①自分の気持ちを言葉で表現する楽しさを味わう。

②人の言葉や話などをよく聞き、自分の経験したことや考え
たことを話し、伝え合う喜びを味わう。

③日常生活に必要な言葉が分かるようになるとともに、絵本
や物語などに親しみ、言葉に対する感覚を豊かにし、保育
士等や友達と心を通わせる。

（イ）内容

①保育士等や友達の言葉や話に興味や関心をもち、親しみを
もって聞いたり、話したりする。

②したり、見たり、聞いたり、感じたり、考えたりなどしたこ
とを自分なりに言葉で表現する。

③したいこと、してほしいことを言葉で表現したり、分から
ないことを尋ねたりする。

④人の話を注意して聞き、相手に分かるように話す。

⑤生活の中で必要な言葉が分かり、使う。

⑥親しみをもって日常の挨拶をする。

⑦生活の中で言葉の楽しさや美しさに気付く。

⑧いろいろな体験を通じてイメージや言葉を豊かにする。

⑨絵本や物語などに親しみ、興味をもって聞き、想像をする
楽しさを味わう。

⑩日常生活の中で、文字などで伝える楽しさを味わう。

（ウ）内容の取扱い

上記の取扱いに当たっては、次の事項に留意する必要がある。

①言葉は、身近な人に親しみをもって接し、自分の感情や意
志などを伝え、それに相手が応答し、その言葉を聞くこと
を通して次第に獲得されていくものであることを考慮し
て、子どもが保育士等や他の子どもと関わることにより心
を動かされるような体験をし、言葉を交わす喜びを味わえ
るようにすること。

②子どもが自分の思いを言葉で伝えるとともに、保育士等や
他の子どもなどの話を興味をもって注意して聞くことを通
して次第に話を理解するようになっていき、言葉による伝
え合いができるようにすること。

③絵本や物語などで、その内容と自分の経験とを結び付けた
り、想像を巡らせたりするなど、楽しみを十分に味わうこ
とによって、次第に豊かなイメージをもち、言葉に対する
感覚が養われるようにすること。

④子どもが生活の中で、言葉の響きやリズム、新しい言葉や
表現などに触れ、これらを使う楽しさを味わえるようにす
ること。その際、絵本や物語に親しんだり、言葉遊びなど
をしたりすることを通して、言葉が豊かになるようにする
こと。

⑤子どもが日常生活の中で、文字などを使いながら思ったこ
とや考えたことを伝える喜びや楽しさを味わい、文字に対
する興味や関心をもつようにすること。

オ　表現

感じたことや考えたことを自分なりに表現することを通し
て、豊かな感性や表現する力を養い、創造性を豊かにする。

（ア）ねらい

①いろいろなものの美しさなどに対する豊かな感性をもつ。

②感じたことや考えたことを自分なりに表現して楽しむ。

③生活の中でイメージを豊かにし、様々な表現を楽しむ。

（イ）内容

①生活の中で様々な音、形、色、手触り、動きなどに気付いた
り、感じたりするなどして楽しむ。

②生活の中で美しいものや心を動かす出来事に触れ、イメー
ジを豊かにする。

③様々な出来事の中で、感動したことを伝え合う楽しさを味
わう。

④感じたこと、考えたことなどを音や動きなどで表現した
り、自由にかいたり、つくったりなどする。

⑤いろいろな素材に親しみ、工夫して遊ぶ。

⑥音楽に親しみ、歌を歌ったり、簡単なリズム楽器を使った
りなどする楽しさを味わう。

⑦かいたり、つくったりすることを楽しみ、遊びに使ったり、
飾ったりなどする。

⑧自分のイメージを動きや言葉などで表現したり、演じて遊
んだりするなどの楽しさを味わう。

（ウ）内容の取扱い

上記の取扱いに当たっては、次の事項に留意する必要がある。

①豊かな感性は、身近な環境と十分に関わる中で美しいも
の、優れたもの、心を動かす出来事などに出会い、そこか
ら得た感動を他の子どもや保育士等と共有し、様々に表現
することなどを通して養われるようにすること。その際、
風の音や雨の音、身近にある草や花の形や色など自然の中
にある音、形、色などに気付くようにすること。

②子どもの自己表現は素朴な形で行われることが多いので、

保育士等はそのような表現を受容し、子ども自身の表現しようとする意欲を受け止めて、子どもが生活の中で子どもらしい様々な表現を楽しむことができるようにすること。

③生活経験や発達に応じ、自ら様々な表現を楽しみ、表現する意欲を十分に発揮させることができるように、遊具や用具などを整えたり、様々な素材や表現の仕方に親しんだり、他の子どもの表現に触れられるよう配慮したりし、表現する過程を大切にして自己表現を楽しめるように工夫すること。

（3）保育の実施に関わる配慮事項

ア　第1章の4の（2）に示す「幼児期の終わりまでに育ってほしい姿」が、ねらい及び内容に基づく活動全体を通して資質・能力が育まれている子どもの小学校就学時の具体的な姿であることを踏まえ、指導を行う際には適宜考慮すること。

イ　子どもの発達や成長の援助をねらいとした活動の時間については、意識的に保育の計画等において位置付けて、実施することが重要であること。なお、そのような活動の時間については、保護者の就労状況等に応じて子どもが保育所で過ごす時間がそれぞれ異なることに留意して設定すること。

ウ　特に必要な場合には、各領域に示すねらいの趣旨に基づいて、具体的な内容を工夫し、それを加えても差し支えないが、その場合には、それが第1章の1に示す保育所保育に関する基本原則を逸脱しないよう慎重に配慮する必要があること。

4　保育の実施に関して留意すべき事項

（1）保育全般に関わる配慮事項

ア　子どもの心身の発達及び活動の実態などの個人差を踏まえるとともに、一人一人の子どもの気持ちを受け止め、援助すること。

イ　子どもの健康は、生理的・身体的な育ちとともに、自主性や社会性、豊かな感性の育ちとがあいまってもたらされることに留意すること。

ウ　子どもが自ら周囲に働きかけ、試行錯誤しつつ自分の力で行う活動を見守りながら、適切に援助すること。

エ　子どもの入所時の保育に当たっては、できるだけ個別的に対応し、子どもが安定感を得て、次第に保育所の生活になじんでいくようにするとともに、既に入所している子どもに不安や動揺を与えないようにすること。

オ　子どもの国籍や文化の違いを認め、互いに尊重する心を育てるようにすること。

カ　子どもの性差や個人差にも留意しつつ、性別などによる固定的な意識を植え付けることがないようにすること。

（2）小学校との連携

ア　保育所においては、保育所保育が、小学校以降の生活や学習の基盤の育成につながることに配慮し、幼児期にふさわしい生活を通じて、創造的な思考や主体的な生活態度などの基礎を培うようにすること。

イ　保育所保育において育まれた資質・能力を踏まえ、小学校教育が円滑に行われるよう、小学校教師との意見交換や合同の研究の機会などを設け、第1章の4の(2)に示す「幼児期の終わりまでに育って欲しい姿」を共有するなど連携を図り、保育所保育と小学校教育との円滑な接続を図るよう努めること。

ウ　子どもに関する情報共有に関して、保育所に入所している子どもの就学に際し、市町村の支援の下に、子どもの育ちを支えるための資料が保育所から小学校へ送付されるようにすること。

（3）家庭及び地域社会との連携

子どもの生活の連続性を踏まえ、家庭及び地域社会と連携して保育が展開されるよう配慮すること。その際、家庭や地域の機関及び団体の協力を得て、地域の自然、高齢者や異年齢の子ども等を含む人材、行事、施設等の地域の資源を積極的に活用し、豊かな生活体験をはじめ保育内容の充実が図られるよう配慮すること。

第3章　健康及び安全

保育所保育において、子どもの健康及び安全の確保は、子どもの生命の保持と健やかな生活の基本であり、一人一人の子どもの健康の保持及び増進並びに安全の確保とともに、保育所全体における健康及び安全の確保に努めることが重要となる。

また、子どもが、自らの体や健康に関心をもち、心身の機能を高めていくことが大切である。

このため、第1章及び第2章等の関連する事項に留意し、次に示す事項を踏まえ、保育を行うこととする。

1　子どもの健康支援

（1）子どもの健康状態並びに発育及び発達状態の把握

ア　子どもの心身の状態に応じて保育するために、子どもの健康状態並びに発育及び発達状態について、定期的・継続的に、また、必要に応じて随時、把握すること。

イ　保護者からの情報とともに、登所時及び保育中を通じて子どもの状態を観察し、何らかの疾病が疑われる状態や傷害が認められた場合には、保護者に連絡するとともに、嘱託医と相談するなど適切な対応を図ること。看護師等が配置されている場合には、その専門性を生かした対応を図ること。

ウ 子どもの心身の状態等を観察し、不適切な養育の兆候が見られる場合には、市町村や関係機関と連携し、児童福祉法第25条に基づき、適切な対応を図ること。また、虐待が疑われる場合には、速やかに市町村又は児童相談所に通告し、適切な対応を図ること。

（2）健康増進

ア 子どもの健康に関する保健計画を全体的な計画に基づいて作成し、全職員がそのねらいや内容を踏まえ、一人一人の子どもの健康の保持及び増進に努めていくこと。

イ 子どもの心身の健康状態や疾病等の把握のために、嘱託医等により定期的に健康診断を行い、その結果を記録し、保育に活用するとともに、保護者が子どもの状態を理解し、日常生活に活用できるようにすること。

（3）疾病等への対応

ア 保育中に体調不良や傷害が発生した場合には、その子どもの状態等に応じて、保護者に連絡するとともに、適宜、嘱託医や子どものかかりつけ医等と相談し、適切な処置を行うこと。看護師等が配置されている場合には、その専門性を生かした対応を図ること。

イ 感染症やその他の疾病の発生予防に努め、その発生や疑いがある場合には、必要に応じて嘱託医、市町村、保健所等に連絡し、その指示に従うとともに、保護者や全職員に連絡し、予防等について協力を求めること。また、感染症に関する保育所の対応方法等について、あらかじめ関係機関の協力を得ておくこと。看護師等が配置されている場合には、その専門性を生かした対応を図ること。

ウ アレルギー疾患を有する子どもの保育については、保護者と連携し、医師の診断及び指示に基づき、適切な対応を行うこと。また、食物アレルギーに関して、関係機関と連携して、当該保育所の体制構築など、安全な環境の整備を行うこと。看護師や栄養士等が配置されている場合には、その専門性を生かした対応を図ること。

エ 子どもの疾病等の事態に備え、医務室等の環境を整え、救急用の薬品、材料等を適切な管理の下に常備し、全職員が対応できるようにしておくこと。

2 食育の推進

（1）保育所の特性を生かした食育

ア 保育所における食育は、健康な生活の基本としての「食を営む力」の育成に向け、その基礎を培うことを目標とすること。

イ 子どもが生活と遊びの中で、意欲をもって食に関わる体験を積み重ね、食べることを楽しみ、食事を楽しみ合う子どもに成長していくことを期待するものであること。

ウ 乳幼児期にふさわしい食生活が展開され、適切な援助が行われるよう、食事の提供を含む食育計画を全体的な計画に基づいて作成し、その評価及び改善に努めること。栄養士が配置されている場合は、専門性を生かした対応を図ること。

（2）食育の環境の整備等

ア 子どもが自らの感覚や体験を通して、自然の恵みとしての食材や食の循環・環境への意識、調理する人への感謝の気持ちが育つように、子どもと調理員等との関わりや、調理室など食に関わる保育環境に配慮すること。

イ 保護者や地域の多様な関係者との連携及び協働の下で、食に関する取組が進められること。また、市町村の支援の下に、地域の関係機関等との日常的な連携を図り、必要な協力が得られるよう努めること。

ウ 体調不良、食物アレルギー、障害のある子どもなど、一人一人の子どもの心身の状態等に応じ、嘱託医、かかりつけ医等の指示や協力の下に適切に対応すること。栄養士が配置されている場合は、専門性を生かした対応を図ること。

3 環境及び衛生管理並びに安全管理

（1）環境及び衛生管理

ア 施設の温度、湿度、換気、採光、音などの環境を常に適切な状態に保持するとともに、施設内外の設備及び用具等の衛生管理に努めること。

イ 施設内外の適切な環境の維持に努めるとともに、子ども及び全職員が清潔を保つようにすること。また、職員は衛生知識の向上に努めること。

（2）事故防止及び安全対策

ア 保育中の事故防止のために、子どもの心身の状態等を踏まえつつ、施設内外の安全点検に努め、安全対策のために全職員の共通理解や体制づくりを図るとともに、家庭や地域の関係機関の協力の下に安全指導を行うこと。

イ 事故防止の取組を行う際には、特に、睡眠中、プール活動・水遊び中、食事中等の場面では重大事故が発生しやすいことを踏まえ、子どもの主体的な活動を大切にしつつ、施設内外の環境の配慮や指導の工夫を行うなど、必要な対策を講じること。

ウ 保育中の事故の発生に備え、施設内外の危険箇所の点検や訓練を実施するとともに、外部からの不審者等の侵入防止のための措置や訓練など不測の事態に備えて必要な対応を行うこと。また、子どもの精神保健面における対応に留意すること。

4　災害への備え

（1）施設・設備等の安全確保

ア　防火設備、避難経路等の安全性が確保されるよう、定期的にこれらの安全点検を行うこと。

イ　備品、遊具等の配置、保管を適切に行い、日頃から、安全環境の整備に努めること。

（2）災害発生時の対応体制及び避難への備え

ア　火災や地震などの災害の発生に備え、緊急時の対応の具体的内容及び手順、職員の役割分担、避難訓練計画等に関するマニュアルを作成すること。

イ　定期的に避難訓練を実施するなど、必要な対応を図ること。

ウ　災害の発生時に、保護者等への連絡及び子どもの引渡しを円滑に行うため、日頃から保護者との密接な連携に努め、連絡体制や引渡し方法等について確認をしておくこと。

（3）地域の関係機関等との連携

ア　市町村の支援の下に、地域の関係機関との日常的な連携を図り、必要な協力が得られるよう努めること。

イ　避難訓練については、地域の関係機関や保護者との連携の下に行うなど工夫すること。

第4章　子育て支援

　保育所における保護者に対する子育て支援は、全ての子どもの健やかな育ちを実現することができるよう、第1章及び第2章等の関連する事項を踏まえ、子どもの育ちを家庭と連携して支援していくとともに、保護者及び地域が有する子育てを自ら実践する力の向上に資するよう、次の事項に留意するものとする。

1　保育所における子育て支援に関する基本的事項

（1）保育所の特性を生かした子育て支援

ア　保護者に対する子育て支援を行う際には、各地域や家庭の実態等を踏まえるとともに、保護者の気持ちを受け止め、相互の信頼関係を基本に、保護者の自己決定を尊重すること。

イ　保育及び子育てに関する知識や技術など、保育士等の専門性や、子どもが常に存在する環境など、保育所の特性を生かし、保護者が子どもの成長に気付き子育ての喜びを感じられるように努めること。

（2）子育て支援に関して留意すべき事項

ア　保護者に対する子育て支援における地域の関係機関等との連携及び協働を図り、保育所全体の体制構築に努めること。

イ　子どもの利益に反しない限りにおいて、保護者や子どものプライバシーを保護し、知り得た事柄の秘密を保持すること。

2　保育所を利用している保護者に対する子育て支援

（1）保護者との相互理解

ア　日常の保育に関連した様々な機会を活用し子どもの日々の様子の伝達や収集、保育所保育の意図の説明などを通じて、保護者との相互理解を図るよう努めること。

イ　保育の活動に対する保護者の積極的な参加は、保護者の子育てを自ら実践する力の向上に寄与することから、これを促すこと。

（2）保護者の状況に配慮した個別の支援

ア　保護者の就労と子育ての両立等を支援するため、保護者の多様化した保育の需要に応じ、病児保育事業など多様な事業を実施する場合には、保護者の状況に配慮するとともに、子どもの福祉が尊重されるよう努め、子どもの生活の連続性を考慮すること。

イ　子どもに障害や発達上の課題が見られる場合には、市町村や関係機関と連携及び協力を図りつつ、保護者に対する個別の支援を行うよう努めること。

ウ　外国籍家庭など、特別な配慮を必要とする家庭の場合には、状況等に応じて個別の支援を行うよう努めること。

（3）不適切な養育等が疑われる家庭への支援

ア　保護者に育児不安等が見られる場合には、保護者の希望に応じて個別の支援を行うよう努めること。

イ　保護者に不適切な養育等が疑われる場合には、市町村や関係機関と連携し、要保護児童対策地域協議会で検討するなど適切な対応を図ること。また、虐待が疑われる場合には、速やかに市町村又は児童相談所に通告し、適切な対応を図ること。

3　地域の保護者等に対する子育て支援

（1）地域に開かれた子育て支援

ア　保育所は、児童福祉法第48条の4の規定に基づき、その行う保育に支障がない限りにおいて、地域の実情や当該保育所の体制等を踏まえ、地域の保護者等に対して、保育所保育の専門性を生かした子育て支援を積極的に行うよう努めること。

イ　地域の子どもに対する一時預かり事業などの活動を行う際には、一人一人の子どもの心身の状態などを考慮するとともに、日常の保育との関連に配慮するなど、柔軟に活動を展開できるようにすること。

（2）地域の関係機関等との連携

ア　市町村の支援を得て、地域の関係機関等との積極的な連携及び協働を図るとともに、子育て支援に関する地域の人材と積極的に連携を図るよう努めること。

イ　地域の要保護児童への対応など、地域の子どもを巡る諸課題に対し、要保護児童対策地域協議会など関係機関等と連携及び協力して取り組むよう努めること。

第5章　職員の資質向上

第1章から前章までに示された事項を踏まえ、保育所は、質の高い保育を展開するため、絶えず、一人一人の職員についての資質向上及び職員全体の専門性の向上を図るよう努めなければならない。

1　職員の資質向上に関する基本的事項

（1）保育所職員に求められる専門性

子どもの最善の利益を考慮し、人権に配慮した保育を行うためには、職員一人一人の倫理観、人間性並びに保育所職員としての職務及び責任の理解と自覚が基盤となる。

各職員は、自己評価に基づく課題等を踏まえ、保育所内外の研修等を通じて、保育士・看護師・調理員・栄養士等、それぞれの職務内容に応じた専門性を高めるため、必要な知識及び技術の修得、維持及び向上に努めなければならない。

（2）保育の質の向上に向けた組織的な取組

保育所においては、保育の内容等に関する自己評価等を通じて把握した、保育の質の向上に向けた課題に組織的に対応するため、保育内容の改善や保育士等の役割分担の見直し等に取り組むとともに、それぞれの職位や職務内容に応じて、各職員が必要な知識及び技能を身につけられるよう努めなければならない。

2　施設長の責務

（1）施設長の責務と専門性の向上

施設長は、保育所の役割や社会的責任を遂行するために、法令等を遵守し、保育所を取り巻く社会情勢等を踏まえ、施設長としての専門性等の向上に努め、当該保育所における保育の質及び職員の専門性向上のために必要な環境の確保に努めなければならない。

（2）職員の研修機会の確保等

施設長は、保育所の全体的な計画や、各職員の研修の必要性等を踏まえて、体系的・計画的な研修機会を確保するとともに、職員の勤務体制の工夫等により、職員が計画的に研修等に参加し、その専門性の向上が図られるよう努めなければ

ならない。

3　職員の研修等

（1）職場における研修

職員が日々の保育実践を通じて、必要な知識及び技術の修得、維持及び向上を図るとともに、保育の課題等への共通理解や協働性を高め、保育所全体としての保育の質の向上を図っていくためには、日常的に職員同士が主体的に学び合う姿勢と環境が重要であり、職場内での研修の充実が図られなければならない。

（2）外部研修の活用

各保育所における保育の課題への的確な対応や、保育士等の専門性の向上を図るためには、職場内での研修に加え、関係機関等による研修の活用が有効であることから、必要に応じて、こうした外部研修への参加機会が確保されるよう努めなければならない。

4　研修の実施体制等

（1）体系的な研修計画の作成

保育所においては、当該保育所における保育の課題や各職員のキャリアパス等も見据えて、初任者から管理職員までの職位や職務内容等を踏まえた体系的な研修計画を作成しなければならない。

（2）組織内での研修成果の活用

外部研修に参加する職員は、自らの専門性の向上を図るとともに、保育所における保育の課題を理解し、その解決を実践できる力を身に付けることが重要である。また、研修で得た知識及び技能を他の職員と共有することにより、保育所全体としての保育実践の質及び専門性の向上につなげていくことが求められる。

（3）研修の実施に関する留意事項

施設長等は保育所全体としての保育実践の質及び専門性の向上のために、研修の受講は特定の職員に偏ることなく行われるよう、配慮する必要がある。また、研修を修了した職員については、その職務内容等において、当該研修の成果等が適切に勘案されることが望ましい。

「幼保連携型認定こども園教育・保育要領」

2017（平成29）年3月31日告示

第1章　総則

第1　幼保連携型認定こども園における教育及び保育の基本及び目標等

1　幼保連携型認定こども園における教育及び保育の基本

乳幼児期の教育及び保育は、子どもの健全な心身の発達を図りつつ生涯にわたる人格形成の基礎を培う重要なものであり、幼保連携型認定こども園における教育及び保育は、就学前の子どもに関する教育、保育等の総合的な提供の推進に関する法律（平成18年法律第77号。以下「認定こども園法」という。）第2条第7項に規定する目的及び第9条に掲げる目標を達成するため、乳幼児期全体を通して、その特性及び保護者や地域の実態を踏まえ、環境を通して行うものであることを基本とし、家庭や地域での生活を含めた園児の生活全体が豊かなものとなるように努めなければならない。

このため保育教諭等は、園児との信頼関係を十分に築き、園児が自ら安心して身近な環境に主体的に関わり、環境との関わり方や意味に気付き、これらを取り込もうとして、試行錯誤したり、考えたりするようになる幼児期の教育における見方・考え方を生かし、その活動が豊かに展開されるよう環境を整え、園児と共によりよい教育及び保育の環境を創造するように努めるものとする。これらを踏まえ、次に示す事項を重視して教育及び保育を行わなければならない。

（1）　乳幼児期は周囲への依存を基盤にしつつ自立に向かうものであることを考慮して、周囲との信頼関係に支えられた生活の中で、園児一人一人が安心感と信頼感をもっていろいろな活動に取り組む体験を十分に積み重ねられるようにすること。

（2）　乳幼児期においては生命の保持が図られ安定した情緒の下で自己を十分に発揮することにより発達に必要な体験を得ていくものであることを考慮して、園児の主体的な活動を促し、乳幼児期にふさわしい生活が展開されるようにすること。

（3）　乳幼児期における自発的な活動としての遊びは、心身の調和のとれた発達の基礎を培う重要な学習であることを考慮して、遊びを通しての指導を中心として第2章に示すねらいが総合的に達成されるようにすること。

（4）　乳幼児期における発達は、心身の諸側面が相互に関連し合い、多様な経過をたどって成し遂げられてい

くものであること、また、園児の生活経験がそれぞれ異なることなどを考慮して、園児一人一人の特性や発達の過程に応じ、発達の課題に即した指導を行うようにすること。

その際、保育教諭等は、園児の主体的な活動が確保されるよう、園児一人一人の行動の理解と予想に基づき、計画的に環境を構成しなければならない。この場合において、保育教諭等は、園児と人やものとの関わりが重要であることを踏まえ、教材を工夫し、物的・空間的環境を構成しなければならない。また、園児一人一人の活動の場面に応じ、様々な役割を果たし、その活動を豊かにしなければならない。

なお、幼保連携型認定こども園における教育及び保育は、園児が入園してから修了するまでの在園期間全体を通して行われるものであり、この章の第3に示す幼保連携型認定こども園として特に配慮すべき事項を十分に踏まえて行うものとする。

2　幼保連携型認定こども園における教育及び保育の目標

幼保連携型認定こども園は、家庭との連携を図りながら、この章の第1の1に示す幼保連携型認定こども園における教育及び保育の基本に基づいて一体的に展開される幼保連携型認定こども園における生活を通して、生きる力の基礎を育成するよう認定こども園法第9条に規定する幼保連携型認定こども園の教育及び保育の目標の達成に努めなければならない。幼保連携型認定こども園は、このことにより、義務教育及びその後の教育の基礎を培うとともに、子どもの最善の利益を考慮しつつ、その生活を保障し、保護者と共に園児を心身ともに健やかに育成するものとする。

なお、認定こども園法第9条に規定する幼保連携型認定こども園の教育及び保育の目標については、発達や学びの連続性及び生活の連続性の観点から、小学校就学の始期に達するまでの時期を通じ、その達成に向けて努力すべき目当てとなるものであることから、満3歳未満の園児の保育にも当てはまることに留意するものとする。

3　幼保連携型認定こども園の教育及び保育において育みたい資質・能力及び「幼児期の終わりまでに育ってほしい姿」

（1）　幼保連携型認定こども園においては、生きる力の基礎を育むため、この章の1に示す幼保連携型認定こども園の教育及び保育の基本を踏まえ、次に掲げる資質・能力を一体的に育むよう努めるものとする。

ア　豊かな体験を通じて、感じたり、気付いたり、分

かったり、できるようになったりする「知識及び技能の基礎」

イ　気付いたことや、できるようになったことなどを使い、考えたり、試したり、工夫したり、表現したりする「思考力、判断力、表現力等の基礎」

ウ　心情、意欲、態度が育つ中で、よりよい生活を営もうとする「学びに向かう力、人間性等」

(2) (1)に示す資質・能力は、第2章に示すねらい及び内容に基づく活動全体によって育むものである。

(3)　次に示す「幼児期の終わりまでに育ってほしい姿」は、第2章に示すねらい及び内容に基づく活動全体を通して資質・能力が育まれている園児の幼保連携型認定こども園修了時の具体的な姿であり、保育教諭等が指導を行う際に考慮するものである。

ア　健康な心と体
　　幼保連携型認定こども園における生活の中で、充実感をもって自分のやりたいことに向かって心と体を十分に働かせ、見通しをもって行動し、自ら健康で安全な生活をつくり出すようになる。

イ　自立心
　　身近な環境に主体的に関わり様々な活動を楽しむ中で、しなければならないことを自覚し、自分の力で行うために考えたり、工夫したりしながら、諦めずにやり遂げることで達成感を味わい、自信をもって行動するようになる。

ウ　協同性
　　友達と関わる中で、互いの思いや考えなどを共有し、共通の目的の実現に向けて、考えたり、工夫したり、協力したりし、充実感をもってやり遂げるようになる。

エ　道徳性・規範意識の芽生え
　　友達と様々な体験を重ねる中で、してよいことや悪いことが分かり、自分の行動を振り返ったり、友達の気持ちに共感したりし、相手の立場に立って行動するようになる。また、きまりを守る必要性が分かり、自分の気持ちを調整し、友達と折り合いを付けながら、きまりをつくったり、守ったりするようになる。

オ　社会生活との関わり
　　家族を大切にしようとする気持ちをもつとともに、地域の身近な人と触れ合う中で、人との様々な関わり方に気付き、相手の気持ちを考えて関わり、自分が役に立つ喜びを感じ、地域に親しみをもつようになる。また、幼保連携型認定こども園内外の様々な環境に関わる中で、遊びや生活に必要な情報を取り入れ、情報に基づき判断したり、情報を伝え合ったり、活用したりするなど、情報を役立てながら活動するようになるとともに、公共の施設を大切に利用するなどして、社会とのつながりなどを意識するようになる。

カ　思考力の芽生え

　　身近な事象に積極的に関わる中で、物の性質や仕組みなどを感じ取ったり、気付いたりし、考えたり、予想したり、工夫したりするなど、多様な関わりを楽しむようになる。また、友達の様々な考えに触れる中で、自分と異なる考えがあることに気付き、自ら判断したり、考え直したりするなど、新しい考えを生み出す喜びを味わいながら、自分の考えをよりよいものにするようになる。

キ　自然との関わり・生命尊重
　　自然に触れて感動する体験を通して、自然の変化などを感じ取り、好奇心や探究心をもって考え言葉などで表現しながら、身近な事象への関心が高まるとともに、自然への愛情や畏敬の念をもつようになる。また、身近な動植物に心を動かされる中で、生命の不思議さや尊さに気付き、身近な動植物への接し方を考え、命あるものとしていたわり、大切にする気持ちをもって関わるようになる。

ク　数量や図形、標識や文字などへの関心・感覚
　　遊びや生活の中で、数量や図形、標識や文字などに親しむ体験を重ねたり、標識や文字の役割に気付いたりし、自らの必要感に基づきこれらを活用し、興味や関心、感覚をもつようになる。

ケ　言葉による伝え合い
　　保育教諭等や友達と心を通わせる中で、絵本や物語などに親しみながら、豊かな言葉や表現を身に付け、経験したことや考えたことなどを言葉で伝えたり、相手の話を注意して聞いたりし、言葉による伝え合いを楽しむようになる。

コ　豊かな感性と表現
　　心を動かす出来事などに触れ感性を働かせる中で、様々な素材の特徴や表現の仕方などに気付き、感じたことや考えたことを自分で表現したり、友達同士で表現する過程を楽しんだりし、表現する喜びを味わい、意欲をもつようになる。

第2　教育及び保育の内容並びに子育ての支援等に関する全体的な計画等

1　教育及び保育の内容並びに子育ての支援等に関する全体的な計画の作成等

(1)　教育及び保育の内容並びに子育ての支援等に関する全体的な計画の役割
　　各幼保連携型認定こども園においては、教育基本法（平成18年法律第120号）、児童福祉法（昭和22年法律第164号）及び認定こども園法その他の法令並びにこの幼保連携型認定こども園教育・保育要領の示すところに従い、教育と保育を一体的に提供するため、創意工夫を生かし、園児の心身の発達と幼保連携型認定こども園、家庭及び地域の実態に即応した適切な教育及び保育の内容並びに子育ての支援等に関する全体的な計画を作成するものとする。

　　教育及び保育の内容並びに子育ての支援等に関する

全体的な計画とは、教育と保育を一体的に捉え、園児の入園から修了までの在園期間の全体にわたり、幼保連携型認定こども園の目標に向かってどのような過程をたどって教育及び保育を進めていくかを明らかにするものであり、子育ての支援と有機的に連携し、園児の園生活全体を捉え、作成する計画である。

　　各幼保連携型認定こども園においては、「幼児期の終わりまでに育ってほしい姿」を踏まえ教育及び保育の内容並びに子育ての支援等に関する全体的な計画を作成すること、その実施状況を評価して改善を図っていくこと、また実施に必要な人的又は物的な体制を確保するとともにその改善を図っていくことなどを通して、教育及び保育の内容並びに子育ての支援等に関する全体的な計画に基づき組織的かつ計画的に各幼保連携型認定こども園の教育及び保育活動の質の向上を図っていくこと（以下「カリキュラム・マネジメント」という。）に努めるものとする。

(2)　各幼保連携型認定こども園の教育及び保育の目標と教育及び保育の内容並びに子育ての支援等に関する全体的な計画の作成

　　教育及び保育の内容並びに子育ての支援等に関する全体的な計画の作成に当たっては、幼保連携型認定こども園の教育及び保育において育みたい資質・能力を踏まえつつ、各幼保連携型認定こども園の教育及び保育の目標を明確にするとともに、教育及び保育の内容並びに子育ての支援等に関する全体的な計画の作成についての基本的な方針が家庭や地域とも共有されるよう努めるものとする。

(3)　教育及び保育の内容並びに子育ての支援等に関する全体的な計画の作成上の基本的事項

　ア　幼保連携型認定こども園における生活の全体を通して第2章に示すねらいが総合的に達成されるよう、教育課程に係る教育期間や園児の生活経験や発達の過程などを考慮して具体的なねらいと内容を組織するものとする。この場合においては、特に、自我が芽生え、他者の存在を意識し、自己を抑制しようとする気持ちが生まれるなどの乳幼児期の発達の特性を踏まえ、入園から修了に至るまでの長期的な視野をもって充実した生活が展開できるように配慮するものとする。

　イ　幼保連携型認定こども園の満3歳以上の園児の教育課程に係る教育週数は、特別の事情のある場合を除き、39週を下ってはならない。

　ウ　幼保連携型認定こども園の1日の教育課程に係る教育時間は、4時間を標準とする。ただし、園児の心身の発達の程度や季節などに適切に配慮するものとする。

　エ　幼保連携型認定こども園の保育を必要とする子どもに該当する園児に対する教育及び保育の時間（満3歳以上の保育を必要とする子どもに該当する園児については、この章の第2の1の（3）ウに規定

する教育時間を含む。）は、1日につき8時間を原則とし、園長がこれを定める。ただし、その地方における園児の保護者の労働時間その他家庭の状況等を考慮するものとする。

(4)　教育及び保育の内容並びに子育ての支援等に関する全体的な計画の実施上の留意事項

　　各幼保連携型認定こども園においては、園長の方針の下に、園務分掌に基づき保育教諭等職員が適切に役割を分担しつつ、相互に連携しながら、教育及び保育の内容並びに子育ての支援等に関する全体的な計画や指導の改善を図るものとする。また、各幼保連携型認定こども園が行う教育及び保育等に係る評価については、教育及び保育の内容並びに子育ての支援等に関する全体的な計画の作成、実施、改善が教育及び保育活動や園運営の中核となることを踏まえ、カリキュラム・マネジメントと関連付けながら実施するよう留意するものとする。

(5)　小学校教育との接続に当たっての留意事項

　ア　幼保連携型認定こども園においては、その教育及び保育が、小学校以降の生活や学習の基盤の育成につながることに配慮し、乳幼児期にふさわしい生活を通して、創造的な思考や主体的な生活態度などの基礎を培うようにするものとする。

　イ　幼保連携型認定こども園の教育及び保育において育まれた資質・能力を踏まえ、小学校教育が円滑に行われるよう、小学校の教師との意見交換や合同の研究の機会などを設け、「幼児期の終わりまでに育ってほしい姿」を共有するなど連携を図り、幼保連携型認定こども園における教育及び保育と小学校教育との円滑な接続を図るよう努めるものとする。

2　指導計画の作成と園児の理解に基づいた評価

(1)　指導計画の考え方

　　幼保連携型認定こども園における教育及び保育は、園児が自ら意欲をもって環境と関わることによりつくり出される具体的な活動を通して、その目標の達成を図るものである。

　　幼保連携型認定こども園においてはこのことを踏まえ、乳幼児期にふさわしい生活が展開され、適切な指導が行われるよう、調和のとれた組織的、発展的な指導計画を作成し、園児の活動に沿った柔軟な指導を行わなければならない。

(2)　指導計画の作成上の基本的事項

　ア　指導計画は、園児の発達に即して園児一人一人が乳幼児期にふさわしい生活を展開し、必要な体験を得られるようにするために、具体的に作成するものとする。

　イ　指導計画の作成に当たっては、次に示すところにより、具体的なねらい及び内容を明確に設定し、適切な環境を構成することなどにより活動が選択・展開されるようにするものとする。

（ア）　具体的なねらい及び内容は、幼保連携型認定こ
ども園の生活における園児の発達の過程を見通
し、園児の生活の連続性、季節の変化などを考慮
して、園児の興味や関心、発達の実情などに応じ
て設定すること。
（イ）　環境は、具体的なねらいを達成するために適切
なものとなるように構成し、園児が自らその環境
に関わることにより様々な活動を展開しつつ必
要な体験を得られるようにすること。その際、園
児の生活する姿や発想を大切にし、常にその環境
が適切なものとなるようにすること。
（ウ）　園児の行う具体的な活動は、生活の流れの中で
様々に変化するものであることに留意し、園児が
望ましい方向に向かって自ら活動を展開してい
くことができるよう必要な援助をすること。
　　　その際、園児の実態及び園児を取り巻く状況の変化
などに即して指導の過程についての評価を適切に行
い、常に指導計画の改善を図るものとする。
（3）　指導計画の作成上の留意事項
　　　指導計画の作成に当たっては、次の事項に留意する
ものとする。
ア　園児の生活は、入園当初の一人一人の遊びや保育
教諭等との触れ合いを通して幼保連携型認定こど
も園の生活に親しみ、安定していく時期から、他の
園児との関わりの中で園児の主体的な活動が深ま
り、園児が互いに必要な存在であることを認識す
るようになる。その後、園児同士や学級全体で目的
をもって協同して幼保連携型認定こども園の生活
を展開し、深めていく時期などに至るまでの過程を
様々に経ながら広げられていくものである。これら
を考慮し、活動がそれぞれの時期にふさわしく展開
されるようにすること。
　　　また、園児の入園当初の教育及び保育に当たって
は、既に在園している園児に不安や動揺を与えない
ようにしつつ、可能な限り個別的に対応し、園児が
安定感を得て、次第に幼保連携型認定こども園の生
活になじんでいくよう配慮すること。
イ　長期的に発達を見通した年、学期、月などにわた
る長期の指導計画やこれとの関連を保ちながらよ
り具体的な園児の生活に即した週、日などの短期の
指導計画を作成し、適切な指導が行われるようにす
ること。特に、週、日などの短期の指導計画につい
ては、園児の生活のリズムに配慮し、園児の意識や
興味の連続性のある活動が相互に関連して幼保連
携型認定こども園の生活の自然な流れの中に組み
込まれるようにすること。
ウ　園児が様々な人やものとの関わりを通して、多様
な体験をし、心身の調和のとれた発達を促すように
していくこと。その際、園児の発達に即して主体的・
対話的で深い学びが実現するようにするとともに、
心を動かされる体験が次の活動を生み出すことを

考慮し、一つ一つの体験が相互に結び付き、幼保連
携型認定こども園の生活が充実するようにするこ
と。
エ　言語に関する能力の発達と思考力等の発達が関
連していることを踏まえ、幼保連携型認定こども園
における生活全体を通して、園児の発達を踏まえた
言語環境を整え、言語活動の充実を図ること。
オ　園児が次の活動への期待や意欲をもつことがで
きるよう、園児の実態を踏まえながら、保育教諭等
や他の園児と共に遊びや生活の中で見通しをもっ
たり、振り返ったりするよう工夫すること。
カ　行事の指導に当たっては、幼保連携型認定こども
園の生活の自然な流れの中で生活に変化や潤いを
与え、園児が主体的に楽しく活動できるようにする
こと。なお、それぞれの行事については教育及び保
育における価値を十分検討し、適切なものを精選
し、園児の負担にならないようにすること。
キ　乳幼児期は直接的な体験が重要であることを踏
まえ、視聴覚教材やコンピュータなど情報機器を活
用する際には、幼保連携型認定こども園の生活では
得難い体験を補完するなど、園児の体験との関連を
考慮すること。
ク　園児の主体的な活動を促すためには、保育教諭等
が多様な関わりをもつことが重要であることを踏
まえ、保育教諭等は、理解者、共同作業者など様々
な役割を果たし、園児の情緒の安定や発達に必要な
豊かな体験が得られるよう、活動の場面に応じて、
園児の人権や園児一人一人の個人差等に配慮した
適切な指導を行うようにすること。
ケ　園児の行う活動は、個人、グループ、学級全体な
どで多様に展開されるものであることを踏まえ、幼
保連携型認定こども園全体の職員による協力体制
を作りながら、園児一人一人が興味や欲求を十分に
満足させるよう適切な援助を行うようにすること。
コ　園児の生活は、家庭を基盤として地域社会を通じ
て次第に広がりをもつものであることに留意し、家
庭との連携を十分に図るなど、幼保連携型認定こど
も園における生活が家庭や地域社会と連続性を保
ちつつ展開されるようにするものとする。その際、
地域の自然、高齢者や異年齢の子どもなどを含む人
材、行事や公共施設などの地域の資源を積極的に活
用し、園児が豊かな生活体験を得られるように工夫
するものとする。また、家庭との連携に当たっては、
保護者との情報交換の機会を設けたり、保護者と園
児との活動の機会を設けたりなどすることを通じ
て、保護者の乳幼児期の教育及び保育に関する理解
が深まるよう配慮するものとする。
サ　地域や幼保連携型認定こども園の実態等により、
幼保連携型認定こども園間に加え、幼稚園、保育所
等の保育施設、小学校、中学校、高等学校及び特別
支援学校などとの間の連携や交流を図るものとす

る。特に、小学校教育との円滑な接続のため、幼保連携型認定こども園の園児と小学校の児童との交流の機会を積極的に設けるようにするものとする。また、障害のある園児児童生徒との交流及び共同学習の機会を設け、共に尊重し合いながら協働して生活していく態度を育むよう努めるものとする。

（4）　園児の理解に基づいた評価の実施

　　園児一人一人の発達の理解に基づいた評価の実施に当たっては、次の事項に配慮するものとする。

　ア　指導の過程を振り返りながら園児の理解を進め、園児一人一人のよさや可能性などを把握し、指導の改善に生かすようにすること。その際、他の園児との比較や一定の基準に対する達成度についての評定によって捉えるものではないことに留意すること。

　イ　評価の妥当性や信頼性が高められるよう創意工夫を行い、組織的かつ計画的な取組を推進するとともに、次年度又は小学校等にその内容が適切に引き継がれるようにすること。

3　特別な配慮を必要とする園児への指導

（1）　障害のある園児などへの指導

　　障害のある園児などへの指導に当たっては、集団の中で生活することを通して全体的な発達を促していくことに配慮し、適切な環境の下で、障害のある園児が他の園児との生活を通して共に成長できるよう、特別支援学校などの助言又は援助を活用しつつ、個々の園児の障害の状態などに応じた指導内容や指導方法の工夫を組織的かつ計画的に行うものとする。また、家庭、地域及び医療や福祉、保健等の業務を行う関係機関との連携を図り、長期的な視点で園児への教育及び保育的支援を行うために、個別の教育及び保育支援計画を作成し活用することに努めるとともに、個々の園児の実態を的確に把握し、個別の指導計画を作成し活用することに努めるものとする。

（2）　海外から帰国した園児や生活に必要な日本語の習得に困難のある園児の幼保連携型認定こども園の生活への適応

　　海外から帰国した園児や生活に必要な日本語の習得に困難のある園児については、安心して自己を発揮できるよう配慮するなど個々の園児の実態に応じ、指導内容や指導方法の工夫を組織的かつ計画的に行うものとする。

第3　幼保連携型認定こども園として特に配慮すべき事項

　幼保連携型認定こども園における教育及び保育を行うに当たっては、次の事項について特に配慮しなければならない。

1　当該幼保連携型認定こども園に入園した年齢により集団生活の経験年数が異なる園児がいることに配慮する等、0歳から小学校就学前までの一貫した教育及び保育を園児の発達や学びの連続性を考慮して展開していくこ

と。特に満3歳以上については入園する園児が多いことや同一学年の園児で編制される学級の中で生活することなどを踏まえ、家庭や他の保育施設等との連携や引継ぎを円滑に行うとともに、環境の工夫をすること。

2　園児の一日の生活の連続性及びリズムの多様性に配慮するとともに、保護者の生活形態を反映した園児の在園時間の長短、入園時期や登園日数の違いを踏まえ、園児一人一人の状況に応じ、教育及び保育の内容やその展開について工夫をすること。特に入園及び年度当初においては、家庭との連携の下、園児一人一人の生活の仕方やリズムに十分に配慮して一日の自然な生活の流れをつくり出していくようにすること。

3　環境を通して行う教育及び保育の活動の充実を図るため、幼保連携型認定こども園における教育及び保育の環境の構成に当たっては、乳幼児期の特性及び保護者や地域の実態を踏まえ、次の事項に留意すること。

（1）　0歳から小学校就学前までの様々な年齢の園児の発達の特性を踏まえ、満3歳未満の園児については特に健康、安全や発達の確保を十分に図るとともに、満3歳以上の園児については同一学年の園児で編制される学級による集団活動の中で遊びを中心とする園児の主体的な活動を通して発達や学びを促す経験が得られるよう工夫をすること。特に、満3歳以上の園児同士が共に育ち、学び合いながら、豊かな体験を積み重ねることができるよう工夫をすること。

（2）　在園時間が異なる多様な園児がいることを踏まえ、園児の生活が安定するよう、家庭や地域、幼保連携型認定こども園における生活の連続性を確保するとともに、一日の生活のリズムを整えるよう工夫をすること。特に満3歳未満の園児については睡眠時間等の個人差に配慮するとともに、満3歳以上の園児については集中して遊ぶ場と家庭的な雰囲気の中でくつろぐ場との適切な調和等の工夫をすること。

（3）　家庭や地域において異年齢の子どもと関わる機会が減少していることを踏まえ、満3歳以上の園児については、学級による集団活動とともに、満3歳未満の園児を含む異年齢の園児による活動を、園児の発達の状況にも配慮しつつ適切に組み合わせて設定するなどの工夫をすること。

（4）　満3歳以上の園児については、特に長期的な休業中、園児が過ごす家庭や園などの生活の場が異なることを踏まえ、それぞれの多様な生活経験が長期的な休業などの終了後等の園生活に生かされるよう工夫をすること。

4　指導計画を作成する際には、この章に示す指導計画の作成上の留意事項を踏まえるとともに、次の事項にも特に配慮すること。

（1）　園児の発達の個人差、入園した年齢の違いなどによる集団生活の経験年数の差、家庭環境等を踏まえ、園児一人一人の発達の特性や課題に十分留意すること。特に満3歳未満の園児については、大人への依存

度が極めて高い等の特性があることから、個別的な対応を図ること。また、園児の集団生活への円滑な接続について、家庭等との連携及び協力を図る等十分留意すること。

(2) 園児の発達の連続性を考慮した教育及び保育を展開する際には、次の事項に留意すること。

ア 満３歳未満の園児については、園児一人一人の生育歴、心身の発達、活動の実態等に即して、個別的な計画を作成すること。

イ 満３歳以上の園児については、個の成長と、園児相互の関係や協同的な活動が促されるよう考慮すること。

ウ 異年齢で構成されるグループ等での指導に当たっては、園児一人一人の生活や経験、発達の過程などを把握し、適切な指導や環境の構成ができるよう考慮すること。

(3) 一日の生活のリズムや在園時間が異なる園児が共に過ごすことを踏まえ、活動と休息、緊張感と解放感等の調和を図るとともに、園児に不安や動揺を与えないようにする等の配慮を行うこと。その際、担当の保育教諭等が替わる場合には、園児の様子等引継ぎを行い、十分な連携を図ること。

(4) 午睡は生活のリズムを構成する重要な要素であり、安心して眠ることのできる安全な午睡環境を確保するとともに、在園時間が異なることや、睡眠時間は園児の発達の状況や個人によって差があることから、一律とならないよう配慮すること。

(5) 長時間にわたる教育及び保育については、園児の発達の過程、生活のリズム及び心身の状態に十分配慮して、保育の内容や方法、職員の協力体制、家庭との連携などを指導計画に位置付けること。

5 生命の保持や情緒の安定を図るなど養護の行き届いた環境の下、幼保連携型認定こども園における教育及び保育を展開すること。

(1) 園児一人一人が、快適にかつ健康で安全に過ごせるようにするとともに、その生理的欲求が十分に満たされ、健康増進が積極的に図られるようにするため、次の事項に留意すること。

ア 園児一人一人の平常の健康状態や発育及び発達の状態を的確に把握し、異常を感じる場合は、速やかに適切に対応すること。

イ 家庭との連携を密にし、学校医等との連携を図りながら、園児の疾病や事故防止に関する認識を深め、保健的で安全な環境の維持及び向上に努めること。

ウ 清潔で安全な環境を整え、適切な援助や応答的な関わりを通して、園児の生理的欲求を満たしていくこと。また、家庭と協力しながら、園児の発達の過程等に応じた適切な生活のリズムがつくられていくようにすること。

エ 園児の発達の過程等に応じて、適度な運動と休息をとることができるようにすること。また、食事、排泄、睡眠、衣類の着脱、身の回りを清潔にすることなどについて、園児が意欲的に生活できるよう適切に援助すること。

(2) 園児一人一人が安定感をもって過ごし、自分の気持ちを安心して表すことができるようにするとともに、周囲から主体として受け止められ主体として育ち、自分を肯定する気持ちが育まれていくようにし、くつろいで共に過ごし、心身の疲れが癒されるようにするため、次の事項に留意すること。

ア 園児一人一人の置かれている状態や発達の過程などを的確に把握し、園児の欲求を適切に満たしながら、応答的な触れ合いや言葉掛けを行うこと。

イ 園児一人一人の気持ちを受容し、共感しながら、園児との継続的な信頼関係を築いていくこと。

ウ 保育教諭等との信頼関係を基盤に、園児一人一人が主体的に活動し、自発性や探索意欲などを高めるとともに、自分への自信をもつことができるよう成長の過程を見守り、適切に働き掛けること。

エ 園児一人一人の生活のリズム、発達の過程、在園時間などに応じて、活動内容のバランスや調和を図りながら、適切な食事や休息がとれるようにすること。

6 園児の健康及び安全は、園児の生命の保持と健やかな生活の基本であり、幼保連携型認定こども園の生活全体を通して健康や安全に関する管理や指導、食育の推進等に十分留意すること。

7 保護者に対する子育ての支援に当たっては、この章に示す幼保連携型認定こども園における教育及び保育の基本及び目標を踏まえ、子どもに対する学校としての教育及び児童福祉施設としての保育並びに保護者に対する子育ての支援について相互に有機的な連携が図られるようにすること。また、幼保連携型認定こども園の目的の達成に資するため、保護者が子どもの成長に気付き子育ての喜びが感じられるよう、幼保連携型認定こども園の特性を生かした子育ての支援に努めること。

第２章　ねらい及び内容並びに配慮事項

この章に示すねらいは、幼保連携型認定こども園の教育及び保育において育みたい資質・能力を園児の生活する姿から捉えたものであり、内容は、ねらいを達成するために指導する事項である。各視点や領域は、この時期の発達の特徴を踏まえ、教育及び保育のねらい及び内容を乳幼児の発達の側面から、乳児は三つの視点として、幼児は五つの領域としてまとめ、示したものである。内容の取扱いは、園児の発達を踏まえた指導を行うに当たって留意すべき事項である。

各視点や領域に示すねらいは、幼保連携型認定こども園における生活の全体を通じ、園児が様々な体験を積み重ねる中で相互に関連をもちながら次第に達成に向かうものであるこ

と、内容は、園児が環境に関わって展開する具体的な活動を通して総合的に指導されるものであることに留意しなければならない。

また、「幼児期の終わりまでに育ってほしい姿」が、ねらい及び内容に基づく活動全体を通して資質・能力が育まれている園児の幼保連携型認定こども園修了時の具体的な姿であることを踏まえ、指導を行う際に考慮するものとする。

なお、特に必要な場合には、各視点や領域に示すねらいの趣旨に基づいて適切な、具体的な内容を工夫し、それを加えても差し支えないが、その場合には、それが第1章の第1に示す幼保連携型認定こども園の教育及び保育の基本及び目標を逸脱しないよう慎重に配慮する必要がある。

第1 乳児期の園児の保育に関するねらい及び内容

基本的事項

1 乳児期の発達については、視覚、聴覚などの感覚や、座る、はう、歩くなどの運動機能が著しく発達し、特定の大人との応答的な関わりを通じて、情緒的な絆が形成されるといった特徴がある。これらの発達の特徴を踏まえて、乳児期の園児の保育は、愛情豊かに、応答的に行われることが特に必要である。

2 本項においては、この時期の発達の特徴を踏まえ、乳児期の園児の保育のねらい及び内容については、身体的発達に関する視点「健やかに伸び伸びと育つ」、社会的発達に関する視点「身近な人と気持ちが通じ合う」及び精神的発達に関する視点「身近なものと関わり感性が育つ」としてまとめ、示している。

ねらい及び内容

健やかに伸び伸びと育つ

〔健康な心と体を育て、自ら健康で安全な生活をつくり出す力の基盤を培う。〕

1 ねらい
(1) 身体感覚が育ち、快適な環境に心地よさを感じる。
(2) 伸び伸びと体を動かし、はう、歩くなどの運動をしようとする。
(3) 食事、睡眠等の生活のリズムの感覚が芽生える。

2 内容
(1) 保育教諭等の愛情豊かな受容の下で、生理的・心理的欲求を満たし、心地よく生活をする。
(2) 一人一人の発育に応じて、はう、立つ、歩くなど、十分に体を動かす。
(3) 個人差に応じて授乳を行い、離乳を進めていく中で、様々な食品に少しずつ慣れ、食べることを楽しむ。
(4) 一人一人の生活のリズムに応じて、安全な環境の下で十分に午睡をする。
(5) おむつ交換や衣服の着脱などを通じて、清潔になることの心地よさを感じる。

3 内容の取扱い
上記の取扱いに当たっては、次の事項に留意する必要がある。
(1) 心と体の健康は、相互に密接な関連があるもので

あることを踏まえ、温かい触れ合いの中で、心と体の発達を促すこと。特に、寝返り、お座り、はいはい、つかまり立ち、伝い歩きなど、発育に応じて、遊びの中で体を動かす機会を十分に確保し、自ら体を動かそうとする意欲が育つようにすること。

(2) 健康な心と体を育てるためには望ましい食習慣の形成が重要であることを踏まえ、離乳食が完了期へと徐々に移行する中で、様々な食品に慣れるようにするとともに、和やかな雰囲気の中で食べる喜びや楽しさを味わい、進んで食べようとする気持ちが育つようにすること。なお、食物アレルギーのある園児への対応については、学校医等の指示や協力の下に適切に対応すること。

身近な人と気持ちが通じ合う

〔受容的・応答的な関わりの下で、何かを伝えようとする意欲や身近な大人との信頼関係を育て、人と関わる力の基盤を培う。〕

1 ねらい
(1) 安心できる関係の下で、身近な人と共に過ごす喜びを感じる。
(2) 体の動きや表情、発声等により、保育教諭等と気持ちを通わせようとする。
(3) 身近な人と親しみ、関わりを深め、愛情や信頼感が芽生える。

2 内容
(1) 園児からの働き掛けを踏まえた、応答的な触れ合いや言葉掛けによって、欲求が満たされ、安定感をもって過ごす。
(2) 体の動きや表情、発声、喃語等を優しく受け止めてもらい、保育教諭等とのやり取りを楽しむ。
(3) 生活や遊びの中で、自分の身近な人の存在に気付き、親しみの気持ちを表す。
(4) 保育教諭等による語り掛けや歌い掛け、発声や喃語等への応答を通じて、言葉の理解や発語の意欲が育つ。
(5) 温かく、受容的な関わりを通じて、自分を肯定する気持ちが芽生える。

3 内容の取扱い
上記の取扱いに当たっては、次の事項に留意する必要がある。
(1) 保育教諭等との信頼関係に支えられて生活を確立していくことが人と関わる基盤となることを考慮して、園児の多様な感情を受け止め、温かく受容的・応答的に関わり、一人一人に応じた適切な援助を行うようにすること。
(2) 身近な人に親しみをもって接し、自分の感情などを表し、それに相手が応答する言葉を聞くことを通して、次第に言葉が獲得されていくことを考慮して、楽しい雰囲気の中での保育教諭等との関わり合いを大切にし、ゆっくりと優しく話し掛けるなど、積極的に言葉のやり取りを楽しむことができるようにするこ

と。
身近なものと関わり感性が育つ

〔身近な環境に興味や好奇心をもって関わり、感じたことや考えたことを表現する力の基盤を培う。〕

1　ねらい
　(1)　身の回りのものに親しみ、様々なものに興味や関心をもつ。
　(2)　見る、触れる、探索するなど、身近な環境に自分から関わろうとする。
　(3)　身体の諸感覚による認識が豊かになり、表情や手足、体の動き等で表現する。

2　内容
　(1)　身近な生活用具、玩具や絵本などが用意された中で、身の回りのものに対する興味や好奇心をもつ。
　(2)　生活や遊びの中で様々なものに触れ、音、形、色、手触りなどに気付き、感覚の働きを豊かにする。
　(3)　保育教諭等と一緒に様々な色彩や形のものや絵本などを見る。
　(4)　玩具や身の回りのものを、つまむ、つかむ、たたく、引っ張るなど、手や指を使って遊ぶ。
　(5)　保育教諭等のあやし遊びに機嫌よく応じたり、歌やリズムに合わせて手足や体を動かして楽しんだりする。

3　内容の取扱い
　　上記の取扱いに当たっては、次の事項に留意する必要がある。
　(1)　玩具などは、音質、形、色、大きさなど園児の発達状態に応じて適切なものを選び、その時々の園児の興味や関心を踏まえるなど、遊びを通して感覚の発達が促されるものとなるように工夫すること。なお、安全な環境の下で、園児が探索意欲を満たして自由に遊べるよう、身の回りのものについては常に十分な点検を行うこと。
　(2)　乳児期においては、表情、発声、体の動きなどで、感情を表現することが多いことから、これらの表現しようとする意欲を積極的に受け止めて、園児が様々な活動を楽しむことを通して表現が豊かになるようにすること。

第2　満1歳以上満3歳未満の園児の保育に関するねらい及び内容
基本的事項

1　この時期においては、歩き始めから、歩く、走る、跳ぶなどへと、基本的な運動機能が次第に発達し、排泄の自立のための身体的機能も整うようになる。つまむ、めくるなどの指先の機能も発達し、食事、衣類の着脱なども、保育教諭等の援助の下で自分で行うようになる。発声も明瞭になり、語彙も増加し、自分の意思や欲求を言葉で表出できるようになる。このように自分でできることが増えてくる時期であることから、保育教諭等は、園児の生活の安定を図りながら、自分でしようとする気持ちを

尊重し、温かく見守るとともに、愛情豊かに、応答的に関わることが必要である。

2　本項においては、この時期の発達の特徴を踏まえ、保育のねらい及び内容について、心身の健康に関する領域「健康」、人との関わりに関する領域「人間関係」、身近な環境との関わりに関する領域「環境」、言葉の獲得に関する領域「言葉」及び感性と表現に関する領域「表現」としてまとめ、示している。

ねらい及び内容
健康

〔健康な心と体を育て、自ら健康で安全な生活をつくり出す力を養う。〕

1　ねらい
　(1)　明るく伸び伸びと生活し、自分から体を動かすことを楽しむ。
　(2)　自分の体を十分に動かし、様々な動きをしようとする。
　(3)　健康、安全な生活に必要な習慣に気付き、自分でしてみようとする気持ちが育つ。

2　内容
　(1)　保育教諭等の愛情豊かな受容の下で、安定感をもって生活をする。
　(2)　食事や午睡、遊びと休息など、幼保連携型認定こども園における生活のリズムが形成される。
　(3)　走る、跳ぶ、登る、押す、引っ張るなど全身を使う遊びを楽しむ。
　(4)　様々な食品や調理形態に慣れ、ゆったりとした雰囲気の中で食事や間食を楽しむ。
　(5)　身の回りを清潔に保つ心地よさを感じ、その習慣が少しずつ身に付く。
　(6)　保育教諭等の助けを借りながら、衣類の着脱を自分でしようとする。
　(7)　便器での排泄に慣れ、自分で排泄ができるようになる。

3　内容の取扱い
　　上記の取扱いに当たっては、次の事項に留意する必要がある。
　(1)　心と体の健康は、相互に密接な関連があるものであることを踏まえ、園児の気持ちに配慮した温かい触れ合いの中で、心と体の発達を促すこと。特に、一人一人の発育に応じて、体を動かす機会を十分に確保し、自ら体を動かそうとする意欲が育つようにすること。
　(2)　健康な心と体を育てるためには望ましい食習慣の形成が重要であることを踏まえ、ゆったりとした雰囲気の中で食べる喜びや楽しさを味わい、進んで食べようとする気持ちが育つようにすること。なお、食物アレルギーのある園児への対応については、学校医等の指示や協力の下に適切に対応すること。
　(3)　排泄の習慣については、一人一人の排尿間隔等を踏まえ、おむつが汚れていないときに便器に座らせる

などにより、少しずつ慣れさせるようにすること。

（4）　食事、排泄、睡眠、衣類の着脱、身の回りを清潔にすることなど、生活に必要な基本的な習慣については、一人一人の状態に応じ、落ち着いた雰囲気の中で行うようにし、園児が自分でしようとする気持ちを尊重すること。また、基本的な生活習慣の形成に当たっては、家庭での生活経験に配慮し、家庭との適切な連携の下で行うようにすること。

人間関係

〔他の人々と親しみ、支え合って生活するために、自立心を育て、人と関わる力を養う。〕

1　ねらい

（1）　幼保連携型認定こども園での生活を楽しみ、身近な人と関わる心地よさを感じる。

（2）　周囲の園児等への興味・関心が高まり、関わりをもとうとする。

（3）　幼保連携型認定こども園の生活の仕方に慣れ、きまりの大切さに気付く。

2　内容

（1）　保育教諭等や周囲の園児等との安定した関係の中で、共に過ごす心地よさを感じる。

（2）　保育教諭等の受容的・応答的な関わりの中で、欲求を適切に満たし、安定感をもって過ごす。

（3）　身の回りに様々な人がいることに気付き、徐々に他の園児と関わりをもって遊ぶ。

（4）　保育教諭等の仲立ちにより、他の園児との関わり方を少しずつ身につける。

（5）　幼保連携型認定こども園の生活の仕方に慣れ、きまりがあることや、その大切さに気付く。

（6）　生活や遊びの中で、年長児や保育教諭等の真似をしたり、ごっこ遊びを楽しんだりする。

3　内容の取扱い

上記の取扱いに当たっては、次の事項に留意する必要がある。

（1）　保育教諭等との信頼関係に支えられて生活を確立するとともに、自分で何かをしようとする気持ちが旺盛になる時期であることに鑑み、そのような園児の気持ちを尊重し、温かく見守るとともに、愛情豊かに、応答的に関わり、適切な援助を行うようにすること。

（2）　思い通りにいかない場合等の園児の不安定な感情の表出については、保育教諭等が受容的に受け止めるとともに、そうした気持ちから立ち直る経験や感情をコントロールすることへの気付き等につなげていけるように援助すること。

（3）　この時期は自己と他者との違いの認識がまだ十分ではないことから、園児の自我の育ちを見守るとともに、保育教諭等が仲立ちとなって、自分の気持ちを相手に伝えることや相手の気持ちに気付くことの大切さなど、友達の気持ちや友達との関わり方を丁寧に伝えていくこと。

環境

〔周囲の様々な環境に好奇心や探究心をもって関わり、それらを生活に取り入れていこうとする力を養う。〕

1　ねらい

（1）　身近な環境に親しみ、触れ合う中で、様々なものに興味や関心をもつ。

（2）　様々なものに関わる中で、発見を楽しんだり、考えたりしようとする。

（3）　見る、聞く、触るなどの経験を通して、感覚の働きを豊かにする。

2　内容

（1）　安全で活動しやすい環境での探索活動等を通して、見る、聞く、触れる、嗅ぐ、味わうなどの感覚の働きを豊かにする。

（2）　玩具、絵本、遊具などに興味をもち、それらを使った遊びを楽しむ。

（3）　身の回りの物に触れる中で、形、色、大きさ、量などの物の性質や仕組みに気付く。

（4）　自分の物と人の物の区別や、場所的感覚など、環境を捉える感覚が育つ。

（5）　身近な生き物に気付き、親しみをもつ。

（6）　近隣の生活や季節の行事などに興味や関心をもつ。

3　内容の取扱い

上記の取扱いに当たっては、次の事項に留意する必要がある。

（1）　玩具などは、音質、形、色、大きさなど園児の発達状態に応じて適切なものを選び、遊びを通して感覚の発達が促されるように工夫すること。

（2）　身近な生き物との関わりについては、園児が命を感じ、生命の尊さに気付く経験へとつながるものであることから、そうした気付きを促すような関わりとなるようにすること。

（3）　地域の生活や季節の行事などに触れる際には、社会とのつながりや地域社会の文化への気付きにつながるものとなることが望ましいこと。その際、幼保連携型認定こども園内外の行事や地域の人々との触れ合いなどを通して行うこと等も考慮すること。

言葉

〔経験したことや考えたことなどを自分なりの言葉で表現し、相手の話す言葉を聞こうとする意欲や態度を育て、言葉に対する感覚や言葉で表現する力を養う。〕

1　ねらい

（1）　言葉遊びや言葉で表現する楽しさを感じる。

（2）　人の言葉や話などを聞き、自分でも思ったことを伝えようとする。

（3）　絵本や物語等に親しむとともに、言葉のやり取りを通じて身近な人と気持ちを通わせる。

2　内容

（1）　保育教諭等の応答的な関わりや話し掛けにより、自ら言葉を使おうとする。

（2）　生活に必要な簡単な言葉に気付き、聞き分ける。

（3）　親しみをもって日常の挨拶に応じる。

(4) 絵本や紙芝居を楽しみ、簡単な言葉を繰り返したり、模倣をしたりして遊ぶ。

(5) 保育教諭等とごっこ遊びをする中で、言葉のやり取りを楽しむ。

(6) 保育教諭等を仲立ちとして、生活や遊びの中で友達との言葉のやり取りを楽しむ。

(7) 保育教諭等や友達の言葉や話に興味や関心をもって、聞いたり、話したりする。

3 内容の取扱い

上記の取扱いに当たっては、次の事項に留意する必要がある。

(1) 身近な人に親しみをもって接し、自分の感情などを伝え、それに相手が応答し、その言葉を聞くことを通して、次第に言葉が獲得されていくものであることを考慮して、楽しい雰囲気の中で保育教諭等との言葉のやり取りができるようにすること。

(2) 園児が自分の思いを言葉で伝えるとともに、他の園児の話などを聞くことを通して、次第に話を理解し、言葉による伝え合いができるようになるよう、気持ちや経験等の言語化を行うことを援助するなど、園児同士の関わりの仲立ちを行うようにすること。

(3) この時期は、片言から、二語文、ごっこ遊びでのやり取りができる程度へと、大きく言葉の習得が進む時期であることから、それぞれの園児の発達の状況に応じて、遊びや関わりの工夫など、保育の内容を適切に展開することが必要であること。

表現

┌ 感じたことや考えたことを自分なりに表現することを通して、豊かな感性や表現する力を養い、創造性を豊かにする。 ┐

1 ねらい

(1) 身体の諸感覚の経験を豊かにし、様々な感覚を味わう。

(2) 感じたことや考えたことなどを自分なりに表現しようとする。

(3) 生活や遊びの様々な体験を通して、イメージや感性が豊かになる。

2 内容

(1) 水、砂、土、紙、粘土など様々な素材に触れて楽しむ。

(2) 音楽、リズムやそれに合わせた体の動きを楽しむ。

(3) 生活の中で様々な音、形、色、手触り、動き、味、香りなどに気付いたり、感じたりして楽しむ。

(4) 歌を歌ったり、簡単な手遊びや全身を使う遊びを楽しんだりする。

(5) 保育教諭等からの話や、生活や遊びの中での出来事を通して、イメージを豊かにする。

(6) 生活や遊びの中で、興味のあることや経験したことなどを自分なりに表現する。

3 内容の取扱い

上記の取扱いに当たっては、次の事項に留意する必要がある。

(1) 園児の表現は、遊びや生活の様々な場面で表出されているものであることから、それらを積極的に受け止め、様々な表現の仕方や感性を豊かにする経験となるようにすること。

(2) 園児が試行錯誤しながら様々な表現を楽しむことや、自分の力でやり遂げる充実感などに気付くよう、温かく見守るとともに、適切に援助を行うようにすること。

(3) 様々な感情の表現等を通じて、園児が自分の感情や気持ちに気付くようになる時期であることに鑑み、受容的な関わりの中で自信をもって表現をすることや、諦めずに続けた後の達成感等を感じられるような経験が蓄積されるようにすること。

(4) 身近な自然や身の回りの事物に関わる中で、発見や心が動く経験が得られるよう、諸感覚を働かせることを楽しむ遊びや素材を用意するなど保育の環境を整えること。

第3　満3歳以上の園児の教育及び保育に関するねらい及び内容

基本的事項

1 この時期においては、運動機能の発達により、基本的な動作が一通りできるようになるとともに、基本的な生活習慣もほぼ自立できるようになる。理解する語彙数が急激に増加し、知的興味や関心も高まってくる。仲間と遊び、仲間の中の一人という自覚が生じ、集団的な遊びや協同的な活動も見られるようになる。これらの発達の特徴を踏まえて、この時期の教育及び保育においては、個の成長と集団としての活動の充実が図られるようにしなければならない。

2 本項においては、この時期の発達の特徴を踏まえ、教育及び保育のねらい及び内容について、心身の健康に関する領域「健康」、人との関わりに関する領域「人間関係」、身近な環境との関わりに関する領域「環境」、言葉の獲得に関する領域「言葉」及び感性と表現に関する領域「表現」としてまとめ、示している。

ねらい及び内容

健康

┌ 健康な心と体を育て、自ら健康で安全な生活をつくり出す力を養う。 ┐

1 ねらい

(1) 明るく伸び伸びと行動し、充実感を味わう。

(2) 自分の体を十分に動かし、進んで運動しようとする。

(3) 健康、安全な生活に必要な習慣や態度を身に付け、見通しをもって行動する。

2 内容

(1) 保育教諭等や友達と触れ合い、安定感をもって行動する。

(2) いろいろな遊びの中で十分に体を動かす。

(3) 進んで戸外で遊ぶ。

(4) 様々な活動に親しみ、楽しんで取り組む。

(5) 保育教諭等や友達と食べることを楽しみ、食べ物への興味や関心をもつ。

(6) 健康な生活のリズムを身に付ける。

(7) 身の回りを清潔にし、衣服の着脱、食事、排泄などの生活に必要な活動を自分でする。

(8) 幼保連携型認定こども園における生活の仕方を知り、自分たちで生活の場を整えながら見通しをもって行動する。

(9) 自分の健康に関心をもち、病気の予防などに必要な活動を進んで行う。

(10) 危険な場所、危険な遊び方、災害時などの行動の仕方が分かり、安全に気を付けて行動する。

3 内容の取扱い

上記の取扱いに当たっては、次の事項に留意する必要がある。

(1) 心と体の健康は、相互に密接な関連があるものであることを踏まえ、園児が保育教諭等や他の園児との温かい触れ合いの中で自己の存在感や充実感を味わうことなどを基盤として、しなやかな心と体の発達を促すこと。特に、十分に体を動かす気持ちよさを体験し、自ら体を動かそうとする意欲が育つようにすること。

(2) 様々な遊びの中で、園児が興味や関心、能力に応じて全身を使って活動することにより、体を動かす楽しさを味わい、自分の体を大切にしようとする気持ちが育つようにすること。その際、多様な動きを経験する中で、体の動きを調整するようにすること。

(3) 自然の中で伸び伸びと体を動かして遊ぶことにより、体の諸機能の発達が促されることに留意し、園児の興味や関心が戸外にも向くようにすること。その際、園児の動線に配慮した園庭や遊具の配置などを工夫すること。

(4) 健康な心と体を育てるためには食育を通じた望ましい食習慣の形成が大切であることを踏まえ、園児の食生活の実情に配慮し、和やかな雰囲気の中で保育教諭等や他の園児と食べる喜びや楽しさを味わったり、様々な食べ物への興味や関心をもったりするなどし、食の大切さに気付き、進んで食べようとする気持ちが育つようにすること。

(5) 基本的な生活習慣の形成に当たっては、家庭での生活経験に配慮し、園児の自立心を育て、園児が他の園児と関わりながら主体的な活動を展開する中で、生活に必要な習慣を身に付け、次第に見通しをもって行動できるようにすること。

(6) 安全に関する指導に当たっては、情緒の安定を図り、遊びを通して安全についての構えを身に付け、危険な場所や事物などが分かり、安全についての理解を深めるようにすること。また、交通安全の習慣を身に付けるようにするとともに、避難訓練などを通して、災害などの緊急時に適切な行動がとれるようにすること。

人間関係

> 他の人々と親しみ、支え合って生活するために、自立心を育て、人と関わる力を養う。

1 ねらい

(1) 幼保連携型認定こども園の生活を楽しみ、自分の力で行動することの充実感を味わう。

(2) 身近な人と親しみ、関わりを深め、工夫したり、協力したりして一緒に活動する楽しさを味わい、愛情や信頼感をもつ。

(3) 社会生活における望ましい習慣や態度を身に付ける。

2 内容

(1) 保育教諭等や友達と共に過ごすことの喜びを味わう。

(2) 自分で考え、自分で行動する。

(3) 自分でできることは自分でする。

(4) いろいろな遊びを楽しみながら物事をやり遂げようとする気持ちをもつ。

(5) 友達と積極的に関わりながら喜びや悲しみを共感し合う。

(6) 自分の思ったことを相手に伝え、相手の思っていることに気付く。

(7) 友達のよさに気付き、一緒に活動する楽しさを味わう。

(8) 友達と楽しく活動する中で、共通の目的を見いだし、工夫したり、協力したりなどする。

(9) よいことや悪いことがあることに気付き、考えながら行動する。

(10) 友達との関わりを深め、思いやりをもつ。

(11) 友達と楽しく生活する中できまりの大切さに気付き、守ろうとする。

(12) 共同の遊具や用具を大切にし、皆で使う。

(13) 高齢者をはじめ地域の人々などの自分の生活に関係の深いいろいろな人に親しみをもつ。

3 内容の取扱い

上記の取扱いに当たっては、次の事項に留意する必要がある。

(1) 保育教諭等との信頼関係に支えられて自分自身の生活を確立していくことが人と関わる基盤となることを考慮し、園児が自ら周囲に働き掛けることにより多様な感情を体験し、試行錯誤しながら諦めずにやり遂げることの達成感や、前向きな見通しをもって自分の力で行うことの充実感を味わうことができるよう、園児の行動を見守りながら適切な援助を行うようにすること。

(2) 一人一人を生かした集団を形成しながら人と関わる力を育てていくようにすること。その際、集団の生活の中で、園児が自己を発揮し、保育教諭等や他の園児に認められる体験をし、自分のよさや特徴に気付

き，自信をもって行動できるようにすること。

(3) 園児が互いに関わりを深め，協同して遊ぶようになるため，自ら行動する力を育てるようにするとともに，他の園児と試行錯誤しながら活動を展開する楽しさや共通の目的が実現する喜びを味わうことができるようにすること。

(4) 道徳性の芽生えを培うに当たっては，基本的な生活習慣の形成を図るとともに，園児が他の園児との関わりの中で他人の存在に気付き，相手を尊重する気持ちをもって行動できるようにし，また，自然や身近な動植物に親しむことなどを通して豊かな心情が育つようにすること。特に，人に対する信頼感や思いやりの気持ちは，葛藤やつまずきをも体験し，それらを乗り越えることにより次第に芽生えてくることに配慮すること。

(5) 集団の生活を通して，園児が人との関わりを深め，規範意識の芽生えが培われることを考慮し，園児が保育教諭等との信頼関係に支えられて自己を発揮する中で，互いに思いを主張し，折り合いを付ける体験をし，きまりの必要性などに気付き，自分の気持ちを調整する力が育つようにすること。

(6) 高齢者をはじめ地域の人々などの自分の生活に関係の深いいろいろな人と触れ合い，自分の感情や意志を表現しながら共に楽しみ，共感し合う体験を通して，これらの人々などに親しみをもち，人と関わることの楽しさや人の役に立つ喜びを味わうことができるようにすること。また，生活を通して親や祖父母などの家族の愛情に気付き，家族を大切にしようとする気持ちが育つようにすること。

環境

〔周囲の様々な環境に好奇心や探究心をもって関わり，それらを生活に取り入れていこうとする力を養う。〕

1 ねらい

(1) 身近な環境に親しみ，自然と触れ合う中で様々な事象に興味や関心をもつ。

(2) 身近な環境に自分から関わり，発見を楽しんだり，考えたりし，それを生活に取り入れようとする。

(3) 身近な事象を見たり，考えたり，扱ったりする中で，物の性質や数量，文字などに対する感覚を豊かにする。

2 内容

(1) 自然に触れて生活し，その大きさ，美しさ，不思議さなどに気付く。

(2) 生活の中で，様々な物に触れ，その性質や仕組みに興味や関心をもつ。

(3) 季節により自然や人間の生活に変化のあることに気付く。

(4) 自然などの身近な事象に関心をもち，取り入れて遊ぶ。

(5) 身近な動植物に親しみをもって接し，生命の尊さに気付き，いたわったり，大切にしたりする。

(6) 日常生活の中で，我が国や地域社会における様々な文化や伝統に親しむ。

(7) 身近な物を大切にする。

(8) 身近な物や遊具に興味をもって関わり，自分なりに比べたり，関連付けたりしながら考えたり，試したりして工夫して遊ぶ。

(9) 日常生活の中で数量や図形などに関心をもつ。

(10) 日常生活の中で簡単な標識や文字などに関心をもつ。

(11) 生活に関係の深い情報や施設などに興味や関心をもつ。

(12) 幼保連携型認定こども園内外の行事において国旗に親しむ。

3 内容の取扱い

上記の取扱いに当たっては，次の事項に留意する必要がある。

(1) 園児が，遊びの中で周囲の環境と関わり，次第に周囲の世界に好奇心を抱き，その意味や操作の仕方に関心をもち，物事の法則性に気付き，自分なりに考えることができるようになる過程を大切にすること。また，他の園児の考えなどに触れて新しい考えを生み出す喜びや楽しさを味わい，自分の考えをよりよいものにしようとする気持ちが育つようにすること。

(2) 幼児期において自然のもつ意味は大きく，自然の大きさ，美しさ，不思議さなどに直接触れる体験を通して，園児の心が安らぎ，豊かな感情，好奇心，思考力，表現力の基礎が培われることを踏まえ，園児が自然との関わりを深めることができるよう工夫すること。

(3) 身近な事象や動植物に対する感動を伝え合い，共感し合うことなどを通して自分から関わろうとする意欲を育てるとともに，様々な関わり方を通してそれらに対する親しみや畏敬の念，生命を大切にする気持ち，公共心，探究心などが養われるようにすること。

(4) 文化や伝統に親しむ際には，正月や節句など我が国の伝統的な行事，国歌，唱歌，わらべうたや我が国の伝統的な遊びに親しんだり，異なる文化に触れる活動に親しんだりすることを通じて，社会とのつながりの意識や国際理解の意識の芽生えなどが養われるようにすること。

(5) 数量や文字などに関しては，日常生活の中で園児自身の必要感に基づく体験を大切にし，数量や文字などに関する興味や関心，感覚が養われるようにすること。

言葉

〔経験したことや考えたことなどを自分なりの言葉で表現し，相手の話す言葉を聞こうとする意欲や態度を育て，言葉に対する感覚や言葉で表現する力を養う。〕

1 ねらい

(1) 自分の気持ちを言葉で表現する楽しさを味わう。

(2) 人の言葉や話などをよく聞き，自分の経験したことや考えたことを話し，伝え合う喜びを味わう。

(3) 日常生活に必要な言葉が分かるようになるととも
に、絵本や物語などに親しみ、言葉に対する感覚を豊
かにし、保育教諭等や友達と心を通わせる。
2 内容
(1) 保育教諭等や友達の言葉や話に興味や関心をもち、
親しみをもって聞いたり、話したりする。
(2) したり、見たり、聞いたり、感じたり、考えたりな
どしたことを自分なりに言葉で表現する。
(3) したいこと、してほしいことを言葉で表現したり、
分からないことを尋ねたりする。
(4) 人の話を注意して聞き、相手に分かるように話す。
(5) 生活の中で必要な言葉が分かり、使う。
(6) 親しみをもって日常の挨拶をする。
(7) 生活の中で言葉の楽しさや美しさに気付く。
(8) いろいろな体験を通じてイメージや言葉を豊かに
する。
(9) 絵本や物語などに親しみ、興味をもって聞き、想
像をする楽しさを味わう。
(10) 日常生活の中で、文字などで伝える楽しさを味わ
う。
3 内容の取扱い
上記の取扱いに当たっては、次の事項に留意する必要
がある。
(1) 言葉は、身近な人に親しみをもって接し、自分の
感情や意志などを伝え、それに相手が応答し、その言
葉を聞くことを通して次第に獲得されていくもので
あることを考慮して、園児が保育教諭等や他の園児と
関わることにより心を動かされるような体験をし、言
葉を交わす喜びを味わえるようにすること。
(2) 園児が自分の思いを言葉で伝えるとともに、保育
教諭等や他の園児などの話を興味をもって注意して
聞くことを通して次第に話を理解するようになって
いき、言葉による伝え合いができるようにすること。
(3) 絵本や物語などで、その内容と自分の経験とを結
び付けたり、想像を巡らせたりするなど、楽しみを十
分に味わうことによって、次第に豊かなイメージをも
ち、言葉に対する感覚が養われるようにすること。
(4) 園児が生活の中で、言葉の響きやリズム、新しい
言葉や表現などに触れ、これらを使う楽しさを味わえ
るようにすること。その際、絵本や物語に親しんだり、
言葉遊びなどをしたりすることを通して、言葉が豊か
になるようにすること。
(5) 園児が日常生活の中で、文字などを使いながら
思ったことや考えたことを伝える喜びや楽しさを味
わい、文字に対する興味や関心をもつようにするこ
と。

表現
感じたことや考えたことを自分なりに表現すること
を通して、豊かな感性や表現する力を養い、創造性を
豊かにする。
1 ねらい

(1) いろいろなものの美しさなどに対する豊かな感性
をもつ。
(2) 感じたことや考えたことを自分なりに表現して楽
しむ。
(3) 生活の中でイメージを豊かにし、様々な表現を楽
しむ。
2 内容
(1) 生活の中で様々な音、形、色、手触り、動きなどに
気付いたり、感じたりするなどして楽しむ。
(2) 生活の中で美しいものや心を動かす出来事に触れ、
イメージを豊かにする。
(3) 様々な出来事の中で、感動したことを伝え合う楽
しさを味わう。
(4) 感じたこと、考えたことなどを音や動きなどで表
現したり、自由にかいたり、つくったりなどする。
(5) いろいろな素材に親しみ、工夫して遊ぶ。
(6) 音楽に親しみ、歌を歌ったり、簡単なリズム楽器を
使ったりなどする楽しさを味わう。
(7) かいたり、つくったりすることを楽しみ、遊びに
使ったり、飾ったりなどする。
(8) 自分のイメージを動きや言葉などで表現したり、
演じて遊んだりするなどの楽しさを味わう。
3 内容の取扱い
上記の取扱いに当たっては、次の事項に留意する必要
がある。
(1) 豊かな感性は、身近な環境と十分に関わる中で美
しいもの、優れたもの、心を動かす出来事などに出会
い、そこから得た感動を他の園児や保育教諭等と共有
し、様々に表現することなどを通して養われるように
すること。その際、風の音や雨の音、身近にある草や
花の形や色など自然の中にある音、形、色などに気付
くようにすること。
(2) 幼児期の自己表現は素朴な形で行われることが多
いので、保育教諭等はそのような表現を受容し、園児
自身の表現しようとする意欲を受け止めて、園児が生
活の中で園児らしい様々な表現を楽しむことができ
るようにすること。
(3) 生活経験や発達に応じ、自ら様々な表現を楽しみ、
表現する意欲を十分に発揮させることができるよう
に、遊具や用具などを整えたり、様々な素材や表現の
仕方に親しんだり、他の園児の表現に触れられるよう
配慮したりし、表現する過程を大切にして自己表現を
楽しめるように工夫すること。

第4 教育及び保育の実施に関する配慮事項
1 満3歳未満の園児の保育の実施については、以下の事
項に配慮するものとする。
(1) 乳児は疾病への抵抗力が弱く、心身の機能の未熟
さに伴う疾病の発生が多いことから、一人一人の発育
及び発達状態や健康状態についての適切な判断に基
づく保健的な対応を行うこと。また、一人一人の園児

の生育歴の違いに留意しつつ、欲求を適切に満たし、特定の保育教諭等が応答的に関わるように努めること。更に、乳児期の園児の保育に関わる職員間の連携や学校医との連携を図り、第3章に示す事項を踏まえ、適切に対応すること。栄養士及び看護師等が配置されている場合は、その専門性を生かした対応を図ること。乳児期の園児の保育においては特に、保護者との信頼関係を築きながら保育を進めるとともに、保護者からの相談に応じ支援に努めていくこと。なお、担当の保育教諭等が替わる場合には、園児のそれまでの生育歴や発達の過程に留意し、職員間で協力して対応すること。

(2) 満1歳以上満3歳未満の園児は、特に感染症にかかりやすい時期であるので、体の状態、機嫌、食欲などの日常の状態の観察を十分に行うとともに、適切な判断に基づく保健的な対応を心掛けること。また、探索活動が十分できるように、事故防止に努めながら活動しやすい環境を整え、全身を使う遊びなど様々な遊びを取り入れること。更に、自我が形成され、園児が自分の感情や気持ちに気付くようになる重要な時期であることに鑑み、情緒の安定を図りながら、園児の自発的な活動を尊重するとともに促していくこと。なお、担当の保育教諭等が替わる場合には、園児のそれまでの経験や発達の過程に留意し、職員間で協力して対応すること。

2 幼保連携型認定こども園における教育及び保育の全般において以下の事項に配慮するものとする。

(1) 園児の心身の発達及び活動の実態などの個人差を踏まえるとともに、一人一人の園児の気持ちを受け止め、援助すること。

(2) 園児の健康は、生理的・身体的な育ちとともに、自主性や社会性、豊かな感性の育ちとがあいまってもたらされることに留意すること。

(3) 園児が自ら周囲に働き掛け、試行錯誤しつつ自分の力で行う活動を見守りながら、適切に援助すること。

(4) 園児の入園時の教育及び保育に当たっては、できるだけ個別的に対応し、園児が安定感を得て、次第に幼保連携型認定こども園の生活になじんでいくようにするとともに、既に入園している園児に不安や動揺を与えないようにすること。

(5) 園児の国籍や文化の違いを認め、互いに尊重する心を育てるようにすること。

(6) 園児の性差や個人差にも留意しつつ、性別などによる固定的な意識を植え付けることがないようにすること。

第3章　健康及び安全

幼保連携型認定こども園における園児の健康及び安全は、園児の生命の保持と健やかな生活の基本となるものであり、

第1章及び第2章の関連する事項と併せ、次に示す事項について適切に対応するものとする。その際、養護教諭や看護師、栄養教諭や栄養士等が配置されている場合には、学校医等と共に、これらの者がそれぞれの専門性を生かしながら、全職員が相互に連携し、組織的かつ適切な対応を行うことができるような体制整備や研修を行うことが必要である。

第1　健康支援

1 健康状態や発育及び発達の状態の把握

(1) 園児の心身の状態に応じた教育及び保育を行うために、園児の健康状態や発育及び発達の状態について、定期的・継続的に、また、必要に応じて随時、把握すること。

(2) 保護者からの情報とともに、登園時及び在園時に園児の状態を観察し、何らかの疾病が疑われる状態や傷害が認められた場合には、保護者に連絡するとともに、学校医と相談するなど適切な対応を図ること。

(3) 園児の心身の状態等を観察し、不適切な養育の兆候が見られる場合には、市町村（特別区を含む。以下同じ。）や関係機関と連携し、児童福祉法第25条に基づき、適切な対応を図ること。また、虐待が疑われる場合には、速やかに市町村又は児童相談所に通告し、適切な対応を図ること。

2 健康増進

(1) 認定こども園法第27条において準用する学校保健安全法（昭和33年法律第56号）第5条の学校保健計画を作成する際は、教育及び保育の内容並びに子育ての支援等に関する全体的な計画に位置づくものとし、全ての職員がそのねらいや内容を踏まえ、園児一人一人の健康の保持及び増進に努めていくこと。

(2) 認定こども園法第27条において準用する学校保健安全法第13条第1項の健康診断を行ったときは、認定こども園法第27条において準用する学校保健安全法第14条の措置を行い、教育及び保育に活用するとともに、保護者が園児の状態を理解し、日常生活に活用できるようにすること。

3 疾病等への対応

(1) 在園時に体調不良や傷害が発生した場合には、その園児の状態等に応じて、保護者に連絡するとともに、適宜、学校医やかかりつけ医等と相談し、適切な処置を行うこと。

(2) 感染症やその他の疾病の発生予防に努め、その発生や疑いがある場合には必要に応じて学校医、市町村、保健所等に連絡し、その指示に従うとともに、保護者や全ての職員に連絡し、予防等について協力を求めること。また、感染症に関する幼保連携型認定こども園の対応方法等について、あらかじめ関係機関の協力を得ておくこと。

(3) アレルギー疾患を有する園児に関しては、保護者と連携し、医師の診断及び指示に基づき、適切な対応を行うこと。また、食物アレルギーに関して、関係機

関と連携して、当該幼保連携型認定こども園の体制構築など、安全な環境の整備を行うこと。

（4）　園児の疾病等の事態に備え、保健室の環境を整え、救急用の薬品、材料等を適切な管理の下に常備し、全ての職員が対応できるようにしておくこと。

第2　食育の推進

1　幼保連携型認定こども園における食育は、健康な生活の基本としての食を営む力の育成に向け、その基礎を培うことを目標とすること。

2　園児が生活と遊びの中で、意欲をもって食に関わる体験を積み重ね、食べることを楽しみ、食事を楽しみ合う園児に成長していくことを期待するものであること。

3　乳幼児期にふさわしい食生活が展開され、適切な援助が行われるよう、教育及び保育の内容並びに子育ての支援等に関する全体的な計画に基づき、食事の提供を含む食育の計画を作成し、指導計画に位置付けるとともに、その評価及び改善に努めること。

4　園児が自らの感覚や体験を通して、自然の恵みとしての食材や食の循環・環境への意識、調理する人への感謝の気持ちが育つように、園児と調理員等との関わりや、調理室など食に関する環境に配慮すること。

5　保護者や地域の多様な関係者との連携及び協働の下で、食に関する取組が進められること。また、市町村の支援の下に、地域の関係機関等との日常的な連携を図り、必要な協力が得られるよう努めること。

6　体調不良、食物アレルギー、障害のある園児など、園児一人一人の心身の状態等に応じ、学校医、かかりつけ医等の指示や協力の下に適切に対応すること。

第3　環境及び衛生管理並びに安全管理

1　環境及び衛生管理

（1）　認定こども園法第27条において準用する学校保健安全法第6条の学校環境衛生基準に基づき幼保連携型認定こども園の適切な環境の維持に努めるとともに、施設内外の設備、用具等の衛生管理に努めること。

（2）　認定こども園法第27条において準用する学校保健安全法第6条の学校環境衛生基準に基づき幼保連携型認定こども園の施設内外の適切な環境の維持に努めるとともに、園児及び全職員が清潔を保つようにすること。また、職員は衛生知識の向上に努めること。

2　事故防止及び安全対策

（1）　在園時の事故防止のために、園児の心身の状態等を踏まえつつ、認定こども園法第27条において準用する学校保健安全法第27条の学校安全計画の策定等を通じ、全職員の共通理解や体制づくりを図るとともに、家庭や地域の関係機関の協力の下に安全指導を行うこと。

（2）　事故防止の取組を行う際には、特に、睡眠中、プール活動・水遊び中、食事中等の場面では重大事故が発生しやすいことを踏まえ、園児の主体的な活動を大切

にしつつ、施設内外の環境の配慮や指導の工夫を行うなど、必要な対策を講じること。

（3）　認定こども園法第27条において準用する学校保健安全法第29条の危険等発生時対処要領に基づき、事故の発生に備えるとともに施設内外の危険箇所の点検や訓練を実施すること。また、外部からの不審者等の侵入防止のための措置や訓練など不測の事態に備え必要な対応を行うこと。更に、園児の精神保健面における対応に留意すること。

第4　災害への備え

1　施設・設備等の安全確保

（1）　認定こども園法第27条において準用する学校保健安全法第29条の危険等発生時対処要領に基づき、災害等の発生に備えるとともに、防火設備、避難経路等の安全性が確保されるよう、定期的にこれらの安全点検を行うこと。

（2）　備品、遊具等の配置、保管を適切に行い、日頃から、安全環境の整備に努めること。

2　災害発生時の対応体制及び避難への備え

（1）　火災や地震などの災害の発生に備え、認定こども園法第27条において準用する学校保健安全法第29条の危険等発生時対処要領を作成する際には、緊急時の対応の具体的内容及び手順、職員の役割分担、避難訓練計画等の事項を盛り込むこと。

（2）　定期的に避難訓練を実施するなど、必要な対応を図ること。

（3）　災害の発生時に、保護者等への連絡及び子どもの引渡しを円滑に行うため、日頃から保護者との密接な連携に努め、連絡体制や引渡し方法等について確認をしておくこと。

3　地域の関係機関等との連携

（1）　市町村の支援の下に、地域の関係機関との日常的な連携を図り、必要な協力が得られるよう努めること。

（2）　避難訓練については、地域の関係機関や保護者との連携の下に行うなど工夫すること。

第4章　子育ての支援

幼保連携型認定こども園における保護者に対する子育ての支援は、子どもの利益を最優先して行うものとし、第1章及び第2章等の関連する事項を踏まえ、子どもの育ちを家庭と連携して支援していくとともに、保護者及び地域が有する子育てを自ら実践する力の向上に資するよう、次の事項に留意するものとする。

第1　子育ての支援全般に関わる事項

1　保護者に対する子育ての支援を行う際には、各地域や家庭の実態等を踏まえるとともに、保護者の気持ちを受け止め、相互の信頼関係を基本に、保護者の自己決定を

尊重すること。

2　教育及び保育並びに子育ての支援に関する知識や技術など、保育教諭等の専門性や、園児が常に存在する環境など、幼保連携型認定こども園の特性を生かし、保護者が子どもの成長に気付き子育ての喜びを感じられるように努めること。

3　保護者に対する子育ての支援における地域の関係機関等との連携及び協働を図り、園全体の体制構築に努めること。

4　子どもの利益に反しない限りにおいて、保護者や子どものプライバシーを保護し、知り得た事柄の秘密を保持すること。

第2　幼保連携型認定こども園の園児の保護者に対する子育ての支援

1　日常の様々な機会を活用し、園児の日々の様子の伝達や収集、教育及び保育の意図の説明などを通じて、保護者との相互理解を図るよう努めること。

2　教育及び保育の活動に対する保護者の積極的な参加は、保護者の子育てを自ら実践する力の向上に寄与するだけでなく、地域社会における家庭や住民の子育てを自ら実践する力の向上及び子育ての経験の継承につながるきっかけとなる。これらのことから、保護者の参加を促すとともに、参加しやすいよう工夫すること。

3　保護者の生活形態が異なることを踏まえ、全ての保護者の相互理解が深まるように配慮すること。その際、保護者同士が子育てに対する新たな考えに出会い気付き合えるよう工夫すること。

4　保護者の就労と子育ての両立等を支援するため、保護者の多様化した教育及び保育の需要に応じて病児保育事業など多様な事業を実施する場合には、保護者の状況に配慮するとともに、園児の福祉が尊重されるよう努め、園児の生活の連続性を考慮すること。

5　地域の実態や保護者の要請により、教育を行う標準的な時間の終了後等に希望する園児を対象に一時預かり事業などとして行う活動については、保育教諭間及び家庭との連携を密にし、園児の心身の負担に配慮すること。その際、地域の実態や保護者の事情とともに園児の生活のリズムを踏まえつつ、必要に応じて、弾力的な運用を行うこと。

6　園児に障害や発達上の課題が見られる場合には、市町村や関係機関と連携及び協力を図りつつ、保護者に対する個別の支援を行うよう努めること。

7　外国籍家庭など、特別な配慮を必要とする家庭の場合には、状況等に応じて個別の支援を行うよう努めること。

8　保護者に育児不安等が見られる場合には、保護者の希望に応じて個別の支援を行うよう努めること。

9　保護者に不適切な養育等が疑われる場合には、市町村や関係機関と連携し、要保護児童対策地域協議会で検討するなど適切な対応を図ること。また、虐待が疑われる場合には、速やかに市町村又は児童相談所に通告し、適切な対応を図ること。

第3　地域における子育て家庭の保護者等に対する支援

1　幼保連携型認定こども園において、認定こども園法第2条第12項に規定する子育て支援事業を実施する際には、当該幼保連携型認定こども園がもつ地域性や専門性などを十分に考慮して当該地域において必要と認められるものを適切に実施すること。また、地域の子どもに対する一時預かり事業などの活動を行う際には、一人一人の子どもの心身の状態などを考慮するとともに、教育及び保育との関連に配慮するなど、柔軟に活動を展開できるようにすること。

2　市町村の支援を得て、地域の関係機関等との積極的な連携及び協働を図るとともに、子育ての支援に関する地域の人材の積極的な活用を図るよう努めること。また、地域の要保護児童への対応など、地域の子どもを巡る諸課題に対し、要保護児童対策地域協議会など関係機関等と連携及び協力して取り組むよう努めること。

3　幼保連携型認定こども園は、地域の子どもが健やかに育成される環境を提供し、保護者に対する総合的な子育ての支援を推進するため、地域における乳幼児期の教育及び保育の中心的な役割を果たすよう努めること。

索 引

■ 執筆者紹介（執筆順、＊は編著者）

市川奈緒子＊（いちかわ・なおこ）
白梅学園大学子ども学部教授　レッスン 1 〜 2、5、11 〜 13、15

小林美由紀（こばやし・みゆき）
白梅学園大学子ども学部教授　レッスン 3

廣澤満之（ひろさわ・みつゆき）
白梅学園大学子ども学部准教授　レッスン 4、6、9 〜 10

浅村都子（あさむら・みやこ）
石神井町さくら保育園園長　レッスン 7 〜 8

仲本美央（なかもと・みお）
白梅学園大学子ども学部教授　レッスン 14

■ 写真提供協力園

石神井町さくら保育園
児童発達支援事業所　OK プラネット
音のゆりかご保育園
東京大学医学部附属病院

編集協力：株式会社桂樹社グループ（狩生有希　田口純子）
本文イラスト：植木美江　寺平京子
本文デザイン：中田聡美

■ 監修者紹介

今井和子 （いまい・かずこ） 子どもとことば研究会代表

近藤幹生 （こんどう・みきお） 白梅学園大学・短期大学学長、子ども学部教授

■ 編著者紹介

市川奈緒子 （いちかわ・なおこ）
白梅学園大学子ども学部教授。
（当時の）障害のある子どものための小規模通所施設や保健所の健診の仕事、また1999年より知的障害児通園施設（当時）の社会福祉法人からしだね　うめだ・あけぼの学園の心理士を経て現職。
現在、小平市教育委員会のチーフ巡回相談員、特別支援教育専門家委員会委員、社会福祉法人六踏園皐月保育園、社会福祉法人安立園　晴見保育園の巡回相談員を兼務。
主著　『発達障害の心理臨床』（共編著）有斐閣、2005年。
　　　『保育の心理学ワークブック』（共著）建帛社、2014年。
　　　『発達障害の再考』（編者）風鳴舎、2014年。
　　　『気になる子の本当の発達支援』風鳴舎、2016年。
　　　『発達が気になる子どもの療育・発達支援入門』（共編著）金子書房、2018年。

MINERVA 保育士等キャリアアップ研修テキスト 3
障害児保育

2020 年 3 月 30 日　初版第 1 刷発行　　　　　〈検印省略〉

定価はカバーに
表示しています

監修者	今	井	和 子
	近	藤	幹 生
編著者	市	川	奈 緒 子
発行者	杉	田	啓 三
印刷者	森	元	勝 夫

発行所　株式会社　ミネルヴァ書房
607-8494　京都市山科区日ノ岡堤谷町 1
電話代表 （075） 581 - 5191
振替口座 01020 - 0 - 8076

© 市川奈緒子ほか, 2020　　　　　　モリモト印刷

ISBN978-4-623-08763-1

Printed in Japan

今井和子／近藤幹生 監修

MINERVA 保育士等キャリアアップ研修テキスト

全 7 巻／ B5 判／美装カバー／各巻平均 200 頁

（定価のないものは続刊）

―――――― ミネルヴァ書房 ――――――
https://www.minervashobo.co.jp/